五子棋与百家姓

刘湛清　著

人民體育出版社

图书在版编目(CIP)数据

五子棋与百家姓 / 刘湛清著.
- 北京：人民体育出版社，2019
ISBN 978-7-5009-5536-8

Ⅰ. ①五… Ⅱ. ①刘… Ⅲ. ①五子棋-基本知识
Ⅳ. ①G891.9

中国版本图书馆 CIP 数据核字（2019）第 038796 号

*

人民体育出版社出版发行
三河兴达印务有限公司印刷
新 华 书 店 经 销

*

850×1168 32 开本 6.75 印张 154 千字
2019 年 7 月第 1 版 2019 年 7 月第 1 次印刷
印数：1—5,000 册

*

ISBN 978-7-5009-5536-8
定价：33.00 元

社址：北京市东城区体育馆路 8 号（天坛公园东门）
电话：67151482（发行部） 邮编：100061
传真：67151483 邮购：67118491
网址：www.sportspublish.cn
（购买本社图书，如遇有缺损页可与邮购部联系）

序言

《百家姓》是关于中国姓氏的文章，与《三字经》《千字文》并称“三百千”，是我国古代幼儿的启蒙读物。五子棋相传起源于四千多年前的尧帝时期，两人对局，轮流下子，先将五子连成一行者为胜。

《百家姓》和五子棋在我国都具有悠久的历史。由于社会的发展和时代的变迁，百家姓排名不断变化。五子棋也已经发展为现代竞技项目，国内、国际比赛层出不穷。

将《百家姓》融入现代的五子棋中，可彰显这古老棋种的另一种独特的魅力。本书是由排局、字谜拟制而成的200道VCF习题组成，排局部分为2～5手胜入门习题；汉字部分则节选《百家姓》中100个姓氏，该部分属于进阶习题，有一定难度。本书自创习题将趣味性和技术性融为一体，一面玩味习题，一面体会百家姓文化，希望本书能够给读者带来不一样的乐趣。

本书得以出版，非常感谢人民体育出版社。竞技五子棋在中国普及与发展已近20年，能够置身其中并尽一份绵薄之力，我感到由衷的自豪与荣幸。

由于水平有限，书中不当之处在所难免，希望广大读者批评指正，以便我能够创作出更高水平的作品。

请您提出宝贵意见，我的通讯地址及邮箱如下： 辽宁省铁岭市银州区柴河街南段227号新兴（铁岭）药业股份有限公司（邮编：112616），aviclzq@163.com。

让VCF架起友谊的桥梁，使我们成为朋友，一起享受五子棋的乐趣，一起为中国五子棋的发展努力。

刘湛清

2017年10月

目录

第一章　五子棋简介

第一节　棋盘与棋子

五子棋专用棋盘为15×15，呈正方形，棋盘中心点为“天元”，四角的星点为小星。参见图1。

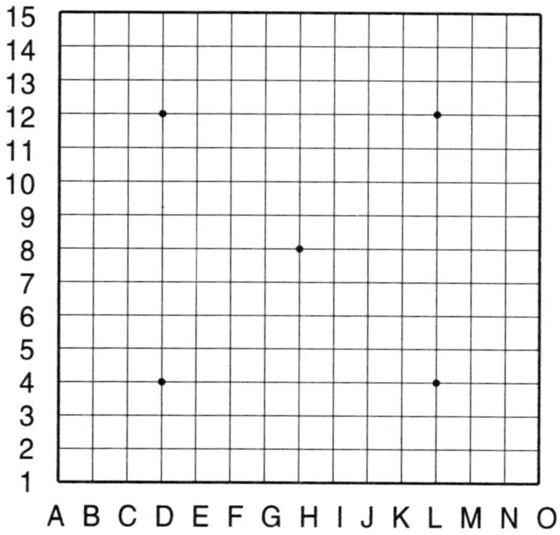

图1

五子棋的棋子分为黑白两种，因与棋盘225个交叉点对应，故黑棋113子，白棋112子，黑白棋总数为225子。

第二节　五子棋比赛规则

（1）黑先、白后，黑方从天元点开始落子，双方落子交替进行。

（2）最先在棋盘横向、竖向、斜向五个同色棋子连成一线的一方为胜。

（3）黑棋禁手判负，白棋无禁手。黑棋禁手包括“三三”“四四”“长连”。黑棋只能“四三”取胜。

（4）五连与禁手同时形成，先五为胜。

（5）黑方禁手形成时，白方应立即指出，则黑方负。倘若白方未予指出并继续落子，则不能判黑方负。

第三节　五子棋的取胜方法

（1）追下取胜：追下取胜是白棋利用黑棋禁手取胜的战术，这是执白方赢棋的一种手段和技巧。

如图2所示，黑方4子，白方3子，该白方行棋，如何追下取胜?

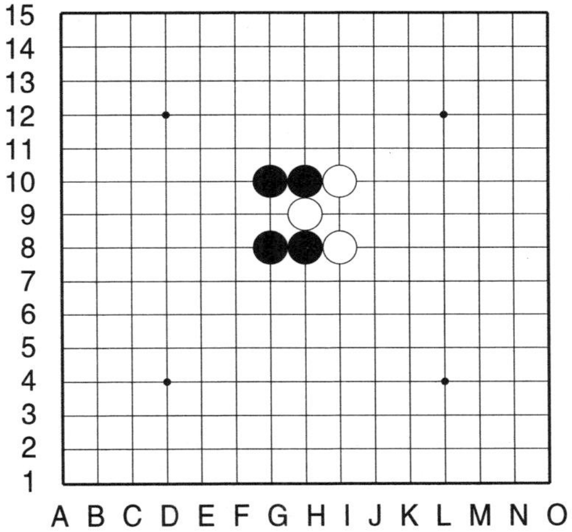

图2

如图3所示，黑6在G9点落子的同时形成两个活三，故白方追下取胜。

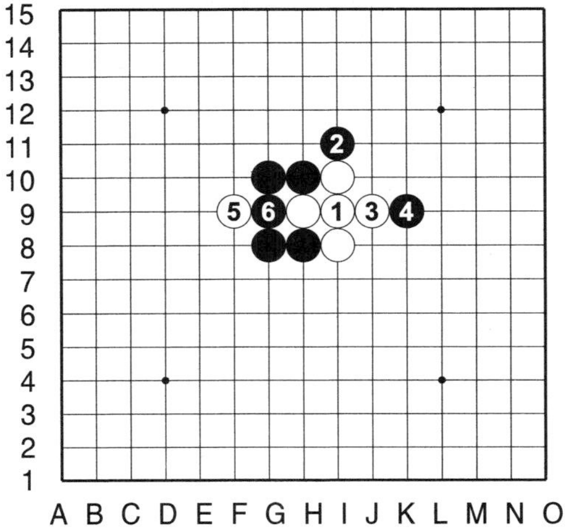

图3

（2）一子双杀：一子双杀是指对局中一方一子落下时形成两个叫杀点使对方无法同时防守的情形。

如图4所示，黑方6子，白方6子，黑方行棋，黑方落于A即为一子双杀点，即白方无法同时防守黑方于B点或C点的冲四活三。

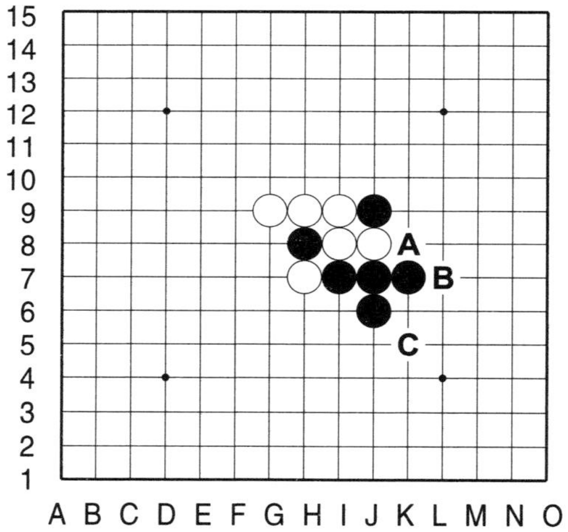

图4

（3）VCF：“VCF”是英文Victor of Continuous Four的简写，即以连续不断的冲四取得胜利。VCF是五子棋残局阶段一个非常重要的取胜技术。

如图5所示，黑白双方各7子，黑方行棋，如何VCF取胜？

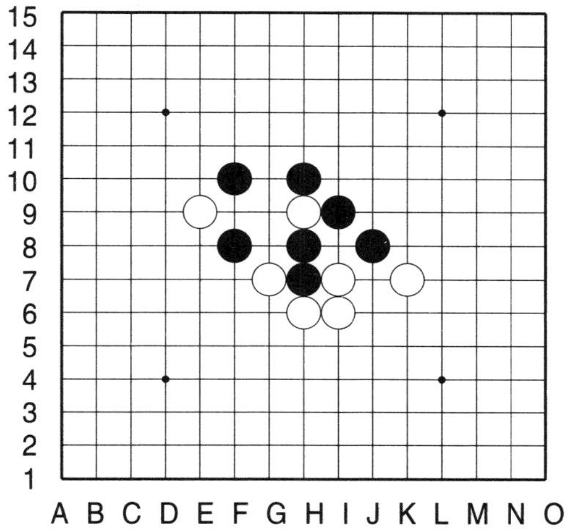

图5

如图6所示，黑1冲四，白2必应，黑3再冲四，白4必应，黑方连续冲四，直至黑9活四胜定。

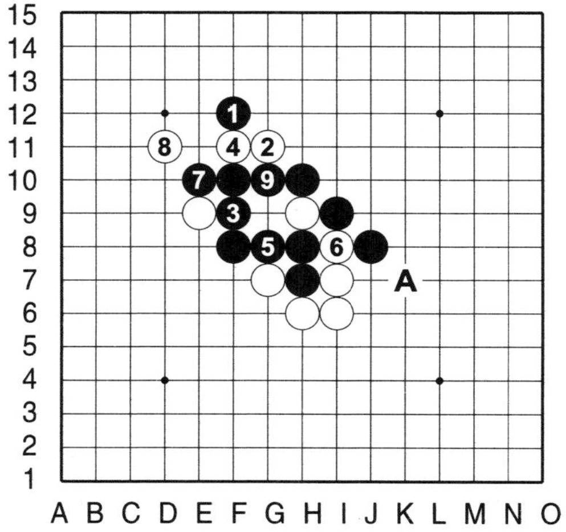

图6

第二章　VCF题解

五子棋VCF排局是人为排列出来的残局，它虽然不是实战对局的产物，但是其主题的构思往往接近于实战残局。绝大多数是由字、数、形等图案构成的VCF练习题，给人以美的享受和解题的乐趣。

学习拆解或者拟制VCF习题，都有助于锻炼棋手的全局观念和局部攻击点的选择，培养独立思考和想象能力，有助于提高五子棋选手的棋艺水平。

拟制VCF习题，除特殊图形之外，一般黑棋占天元点。黑方只能以活四取胜；白方可以活四取胜，也可以迫使黑方形成“三三”“四四”或“长连”禁手取胜。盘面棋子为双数时，以黑先行；若为单数，则是白先行。

第一节 黑先VCF排局题解（1～60题）

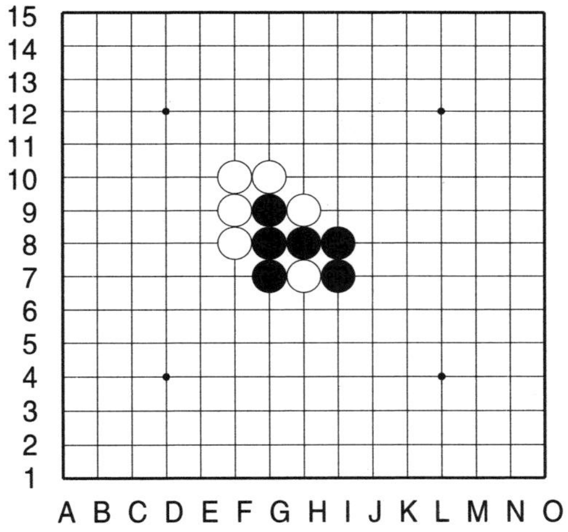

第1题

如图所示，双方各6子。黑先行，如何以VCF取胜？

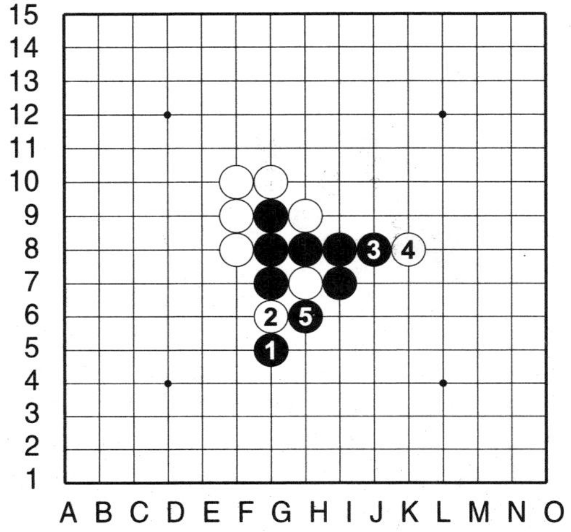

第1题答案

黑1冲四，直至黑5为止，黑方形成活四，胜定。

第2题

如图所示，双方各9子。黑先行，如何以VCF取胜？

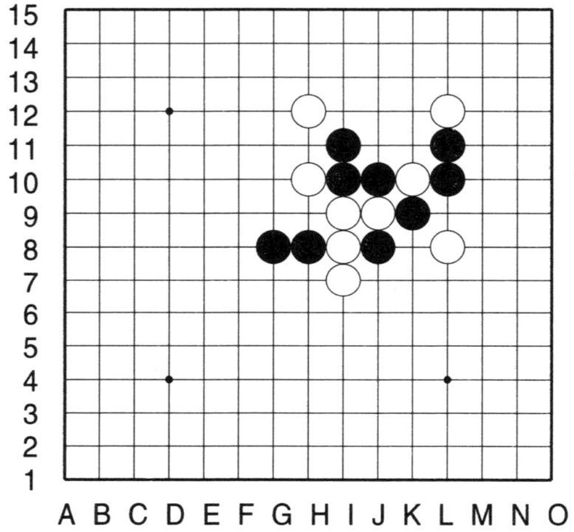

第2题答案

黑1冲四，直至黑5为止，黑方形成活四，胜定。

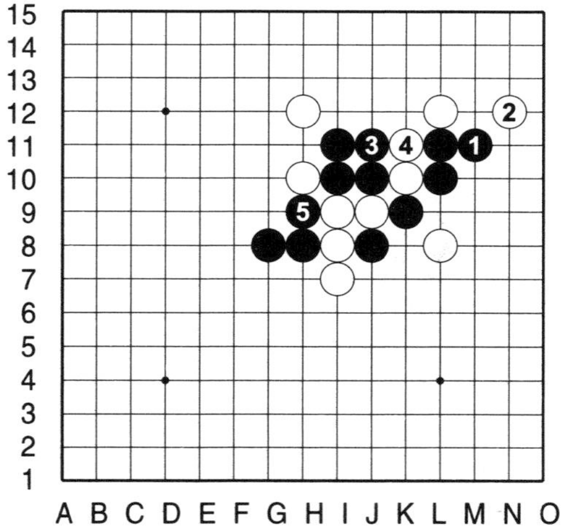

第3题

如图所示，双方各7子。黑先行，如何以VCF取胜？

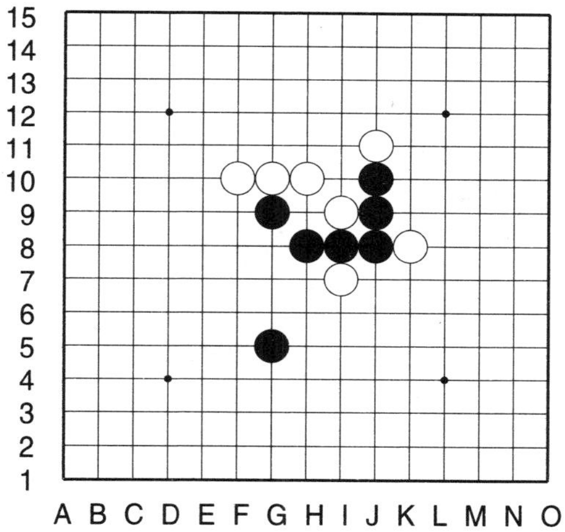

第3题答案

黑1冲四，直至黑5为止，黑方形成活四，胜定。

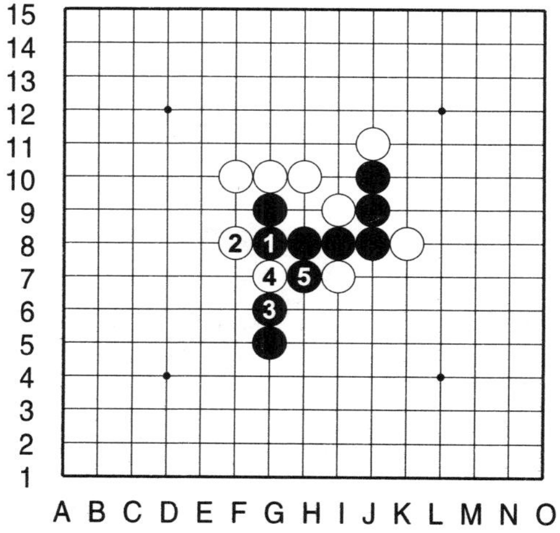

第4题

如图所示，双方各7子。黑先行，如何以VCF取胜？

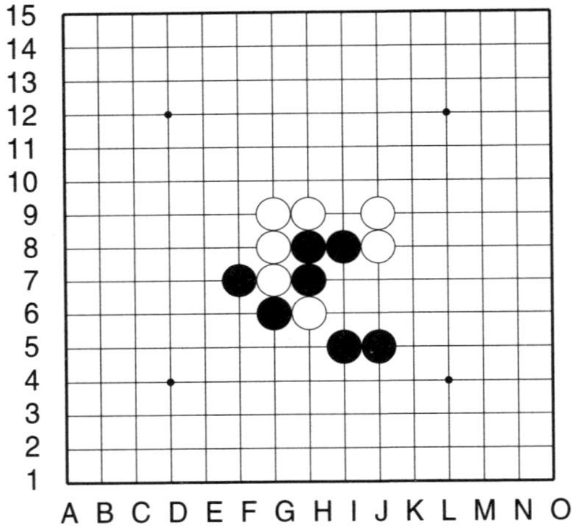

第4题答案

黑1冲四，直至黑5为止，黑方形成活四，胜定。

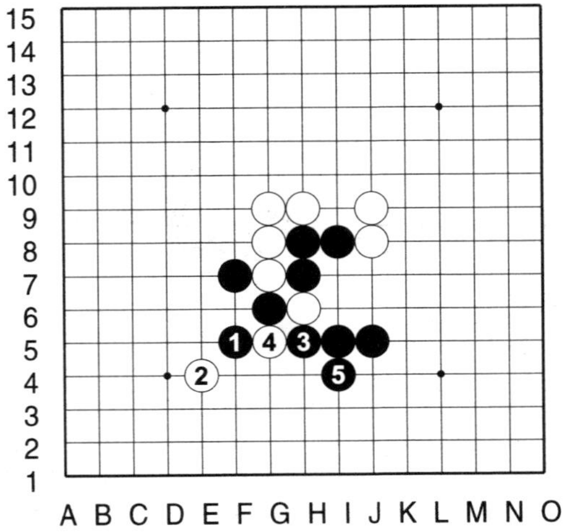

第5题

如图所示，双方各7子。黑先行，如何以VCF取胜？

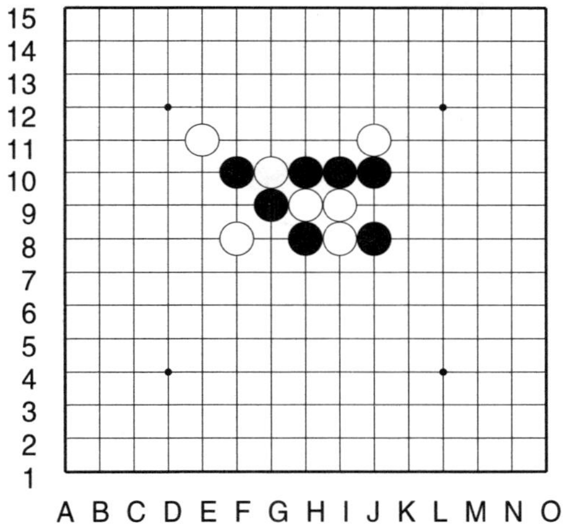

第5题答案

黑1冲四，直至黑5为止，黑方形成活四，胜定。

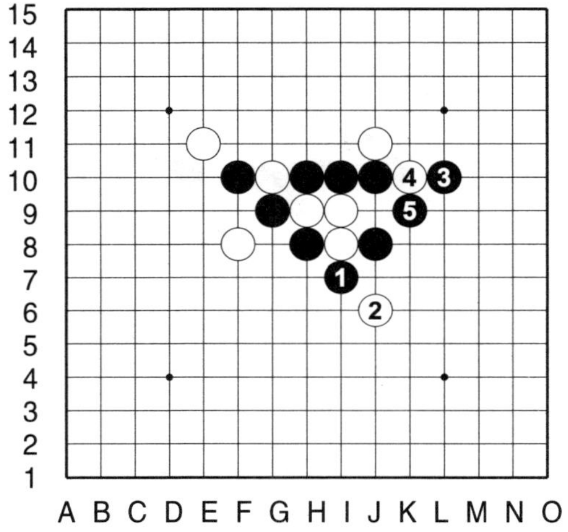

第6题

如图所示，双方各8子。黑先行，如何以VCF取胜？

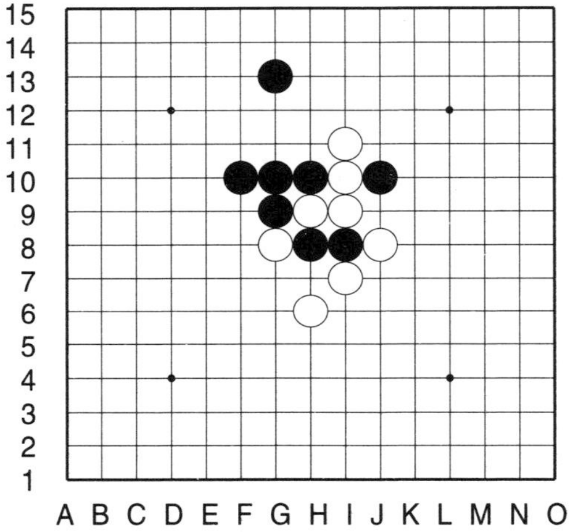

第6题答案

黑1冲四，直至黑5为止，黑方形成活四，胜定。

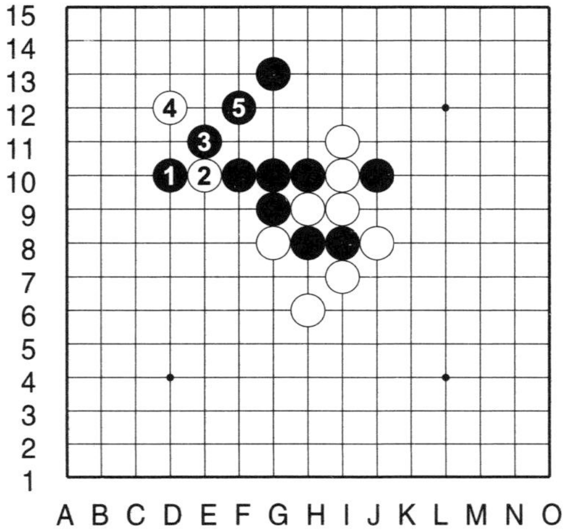

第7题

如图所示，双方各8子。黑先行，如何以VCF取胜？

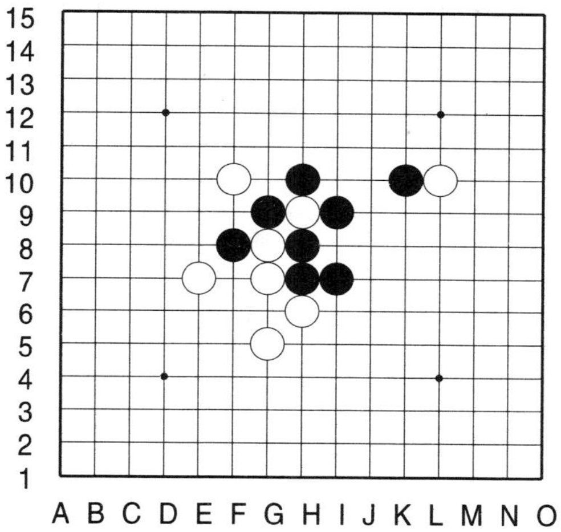

第7题答案

黑1冲四，直至黑5为止，黑方形成活四，胜定。

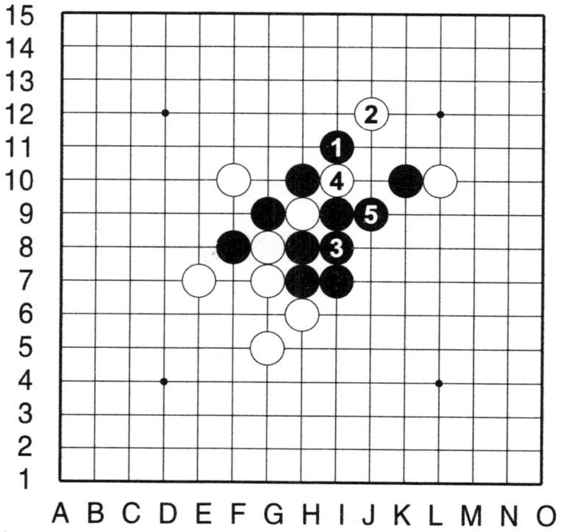

第8题

如图所示，双方各8子。黑先行，如何以VCF取胜？

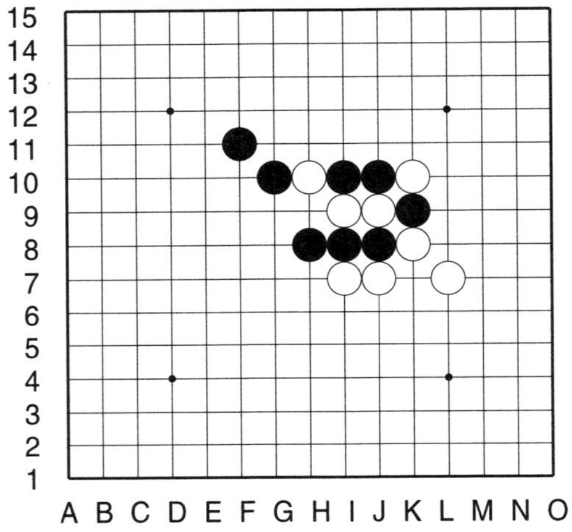

第8题答案

黑1冲四，直至黑5为止，黑方形成活四，胜定。

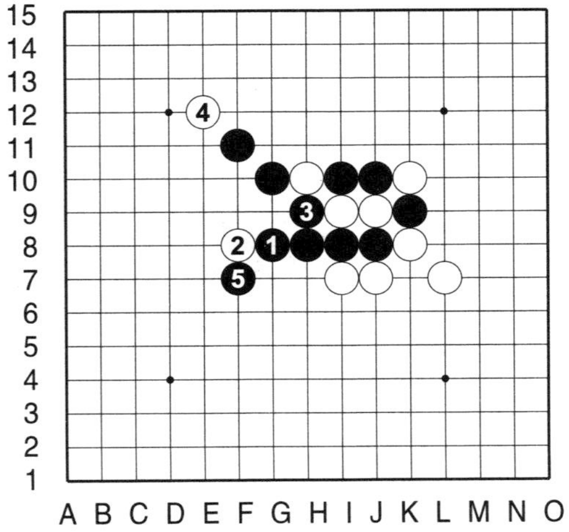

第9题

如图所示，双方各7子。黑先行，如何以VCF取胜？

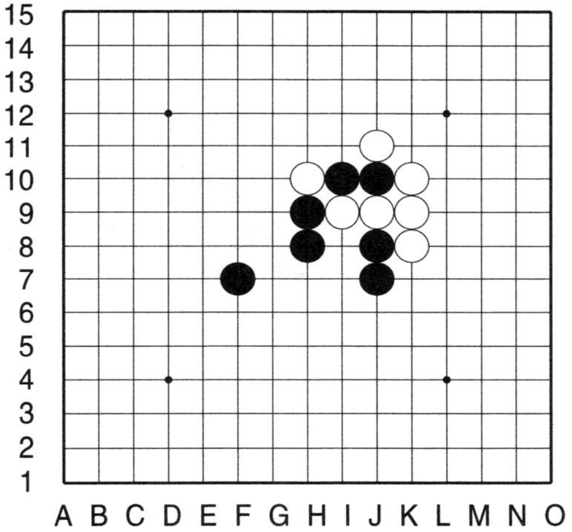

第9题答案

黑1冲四，直至黑5为止，黑方形成活四，胜定。

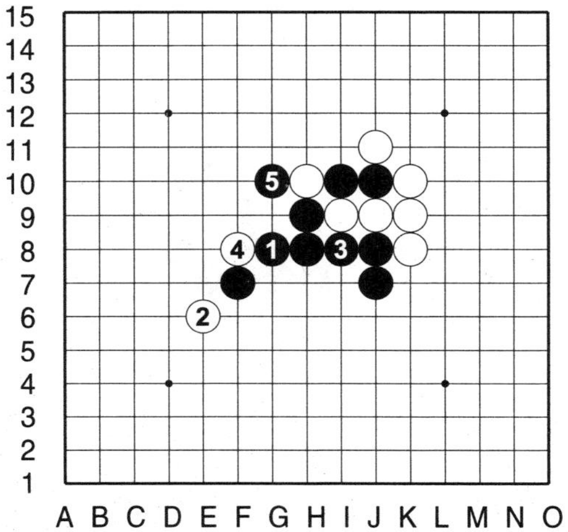

第10题

如图所示，双方各8子。黑先行，如何以VCF取胜？

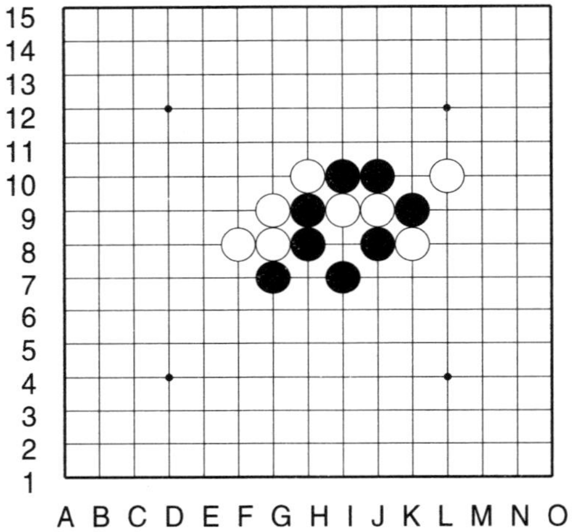

第10题答案

黑1冲四，直至黑5为止，黑方形成活四，胜定。

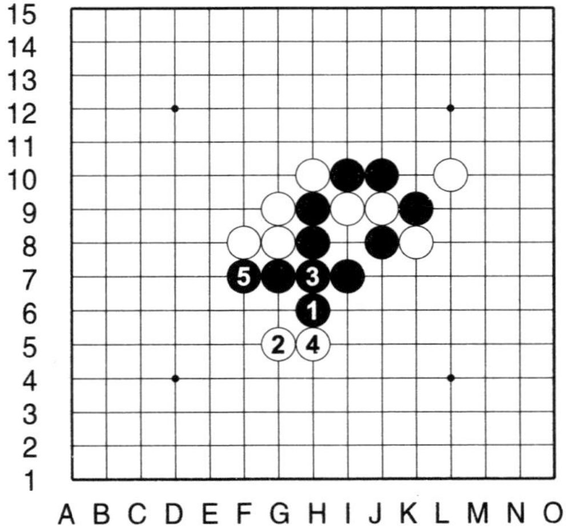

第11题

如图所示，双方各9子。黑先行，如何以VCF取胜？

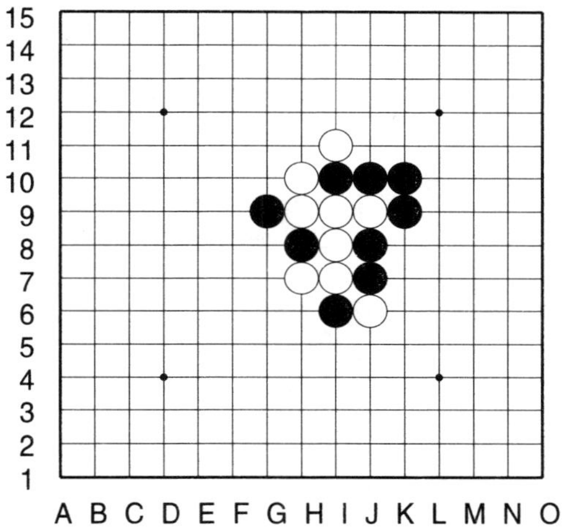

第11题答案

黑1冲四，直至黑5为止，黑方形成活四，胜定。

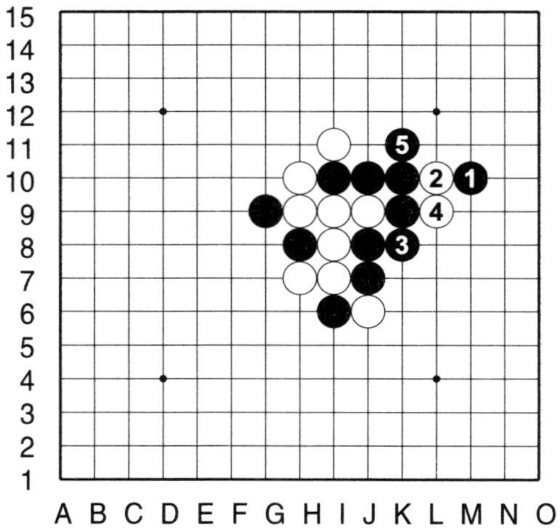

第12题

如图所示，双方各9子。黑先行，如何以VCF取胜？

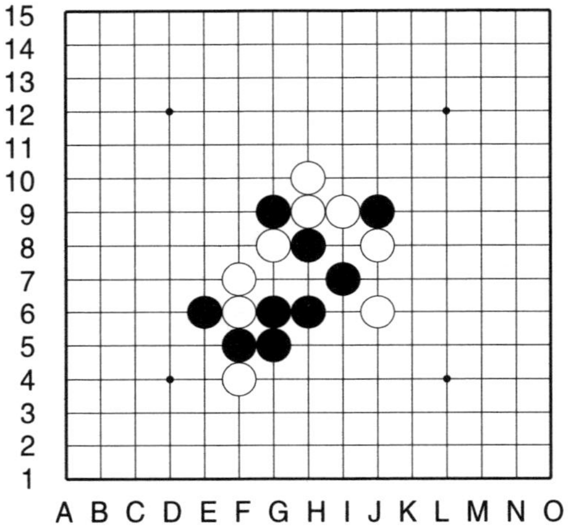

第12题答案

黑1冲四，直至黑5为止，黑方形成活四，胜定。

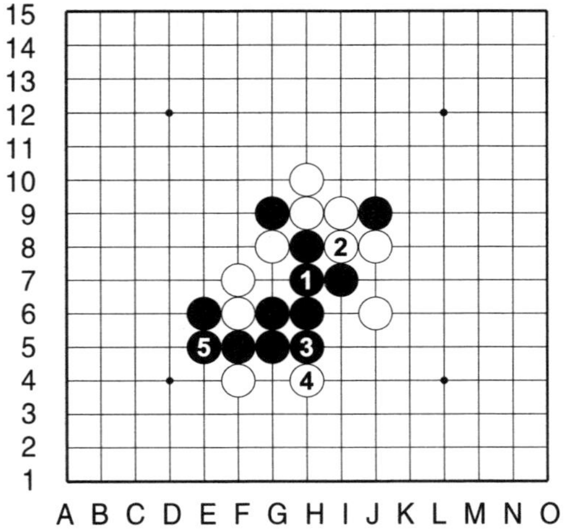

第13题

如图所示，双方各8子。黑先行，如何以VCF取胜？

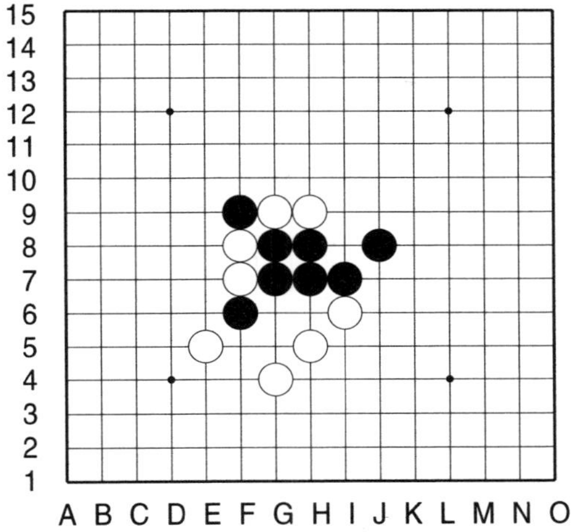

第13题答案

黑1冲四，直至黑5为止，黑方形成活四，胜定。

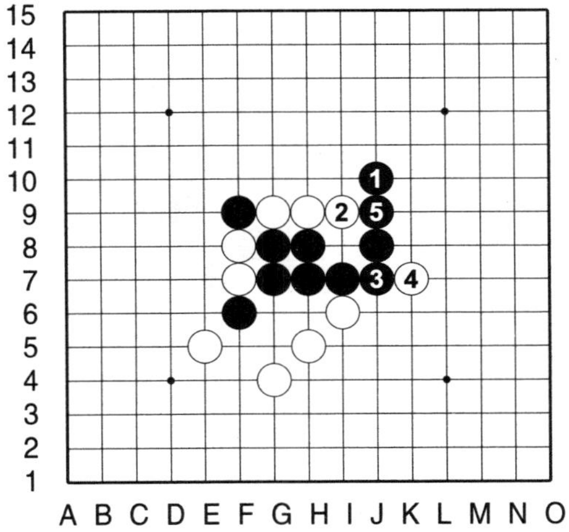

第14题

如图所示，双方各10子。黑先行，如何以VCF取胜？

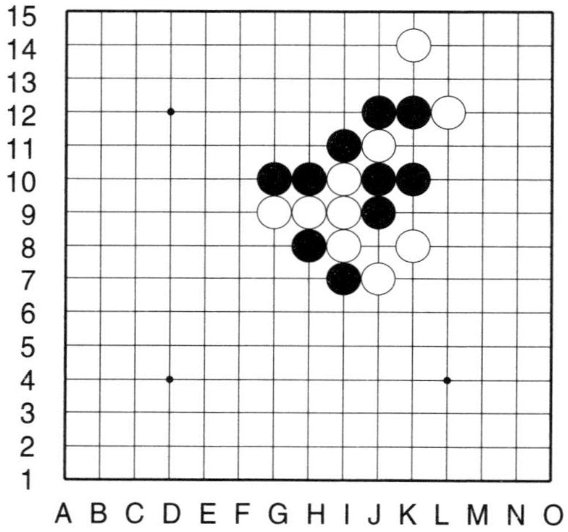

第14题答案

黑1冲四，直至黑5为止，黑方形成活四，胜定。

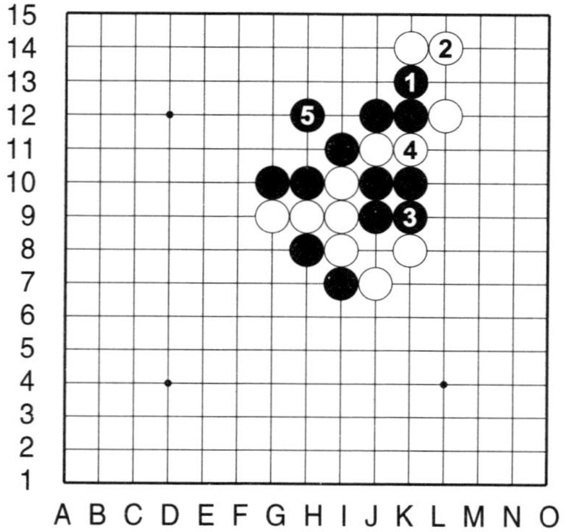

第15题

如图所示，双方各9子。黑先行，如何以VCF取胜？

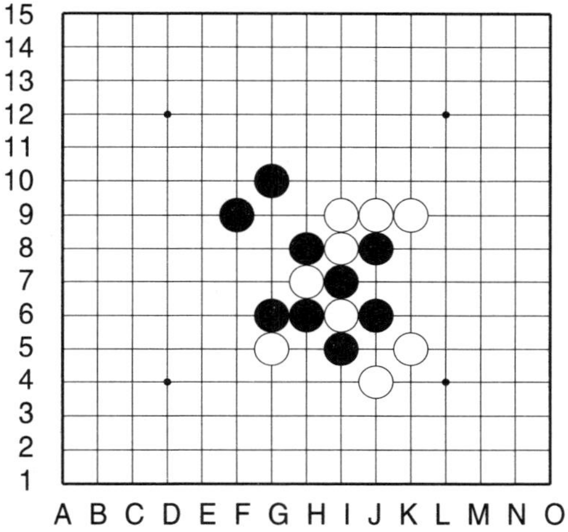

第15题答案

黑1冲四，直至黑7为止，黑方形成活四，胜定。

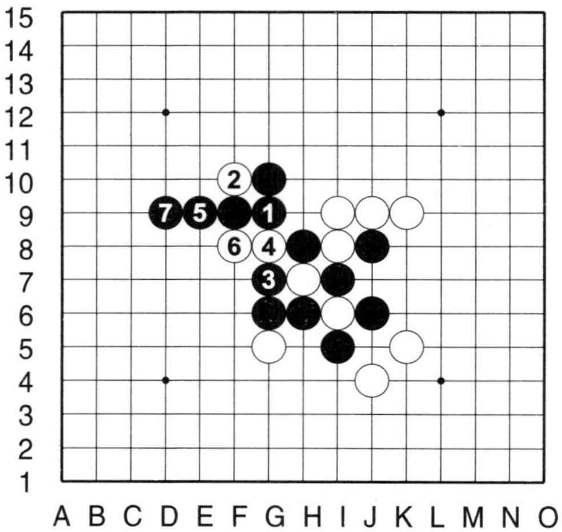

第16题

如图所示，双方各7子。黑先行，如何以VCF取胜？

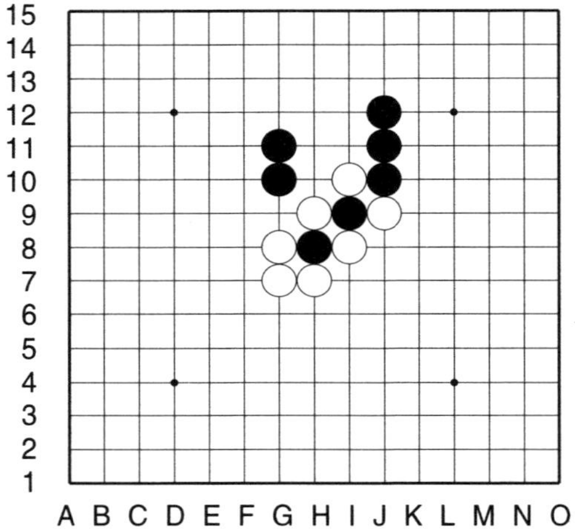

第16题答案

黑1冲四，直至黑7为止，黑方形成活四，胜定。

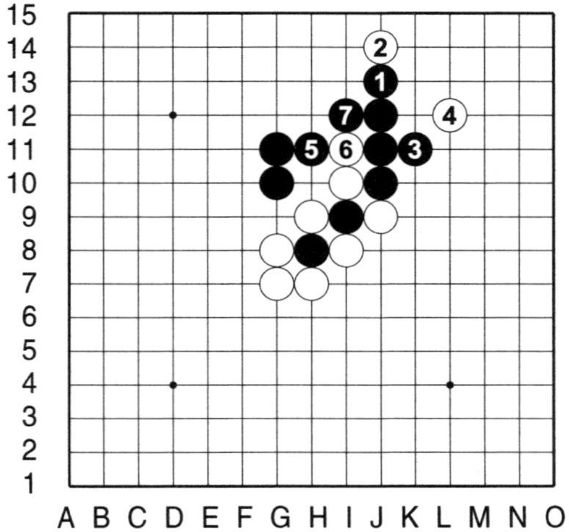

第17题

如图所示，双方各8子。黑先行，如何以VCF取胜？

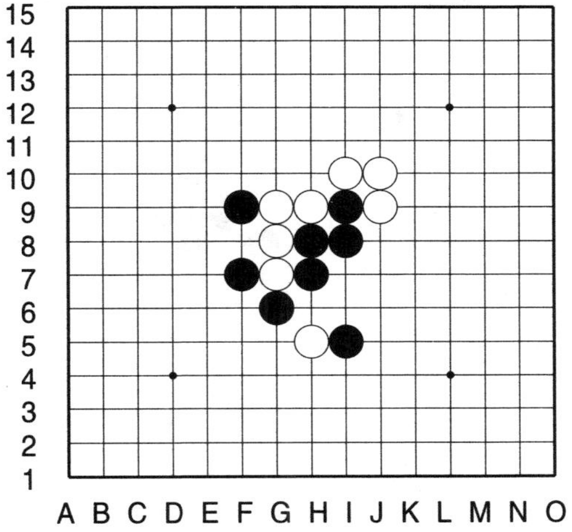

第17题答案

黑1冲四，直至黑7为止，黑方形成活四，胜定。

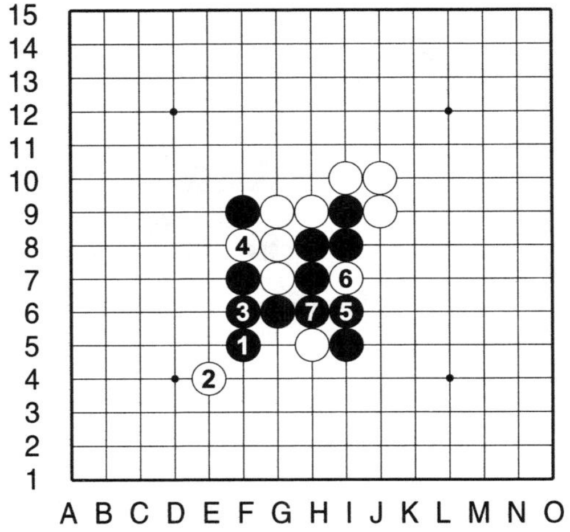

第18题

如图所示，双方各6子。黑先行，如何以VCF取胜？

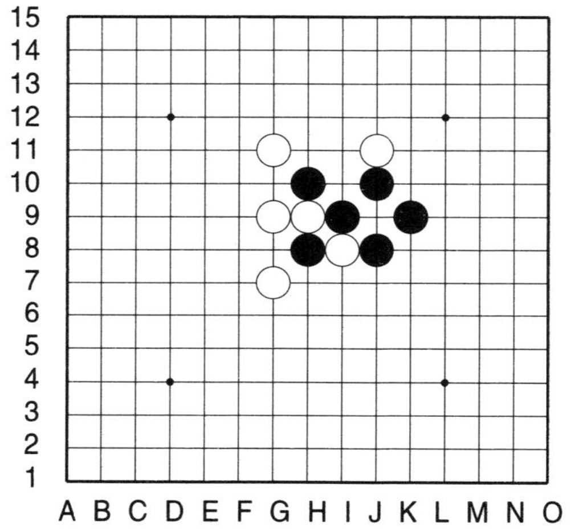

第18题答案

黑1冲四，直至黑7为止，黑方形成活四，胜定。

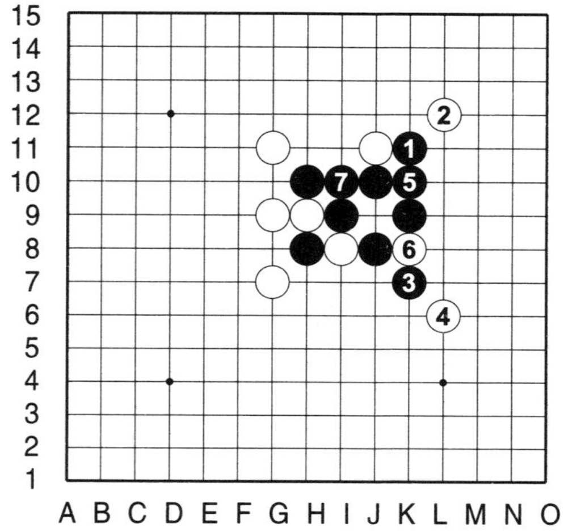

第19题

如图所示，双方各6子。黑先行，如何以VCF取胜？

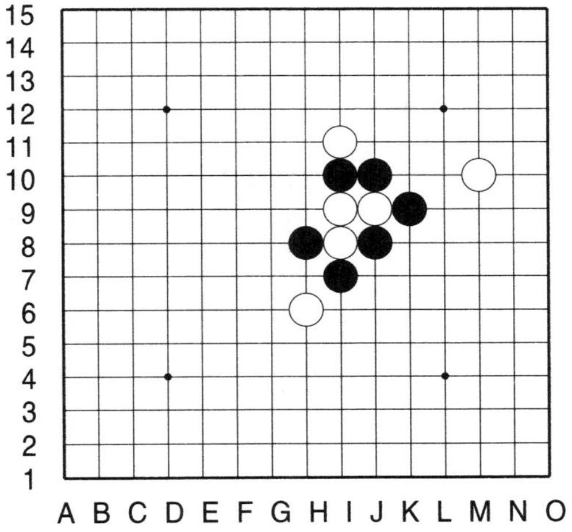

第19题答案

黑1冲四，直至黑7为止，黑方形成活四，胜定。

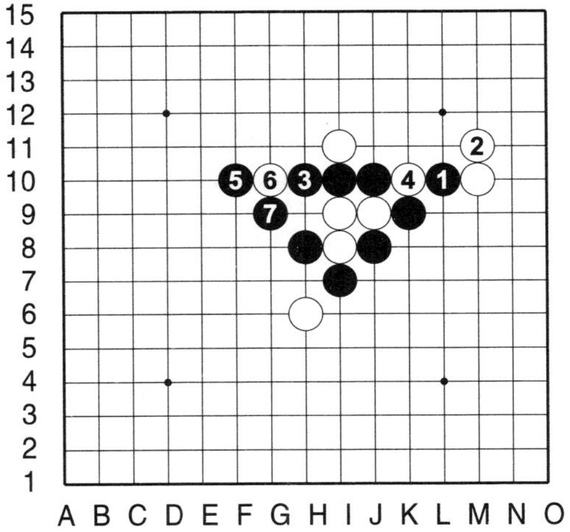

第20题

如图所示，双方各8子。黑先行，如何以VCF取胜？

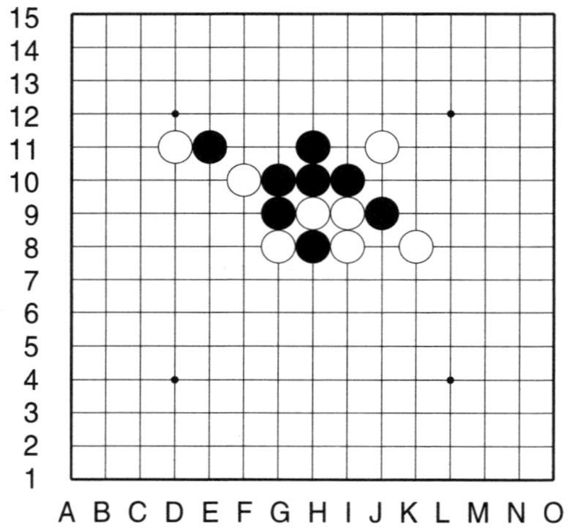

第20题答案

黑1冲四，直至黑7为止，黑方形成活四，胜定。

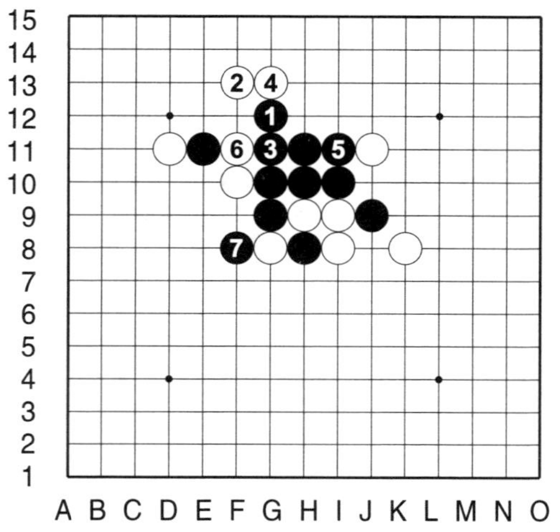

第21题

如图所示，双方各6子。黑先行，如何以VCF取胜？

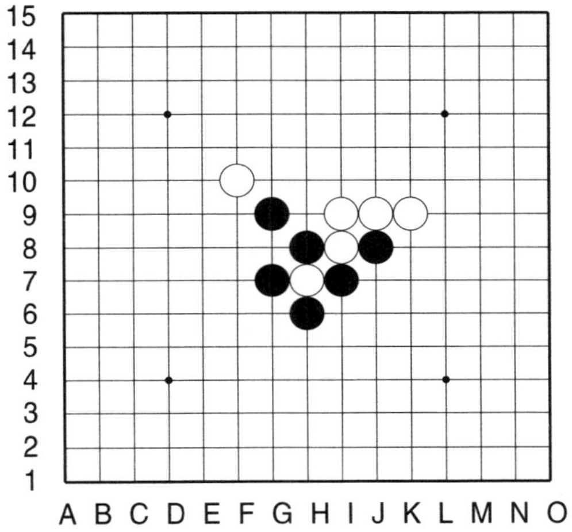

第21题答案

黑1冲四，直至黑7为止，黑方形成活四，胜定。

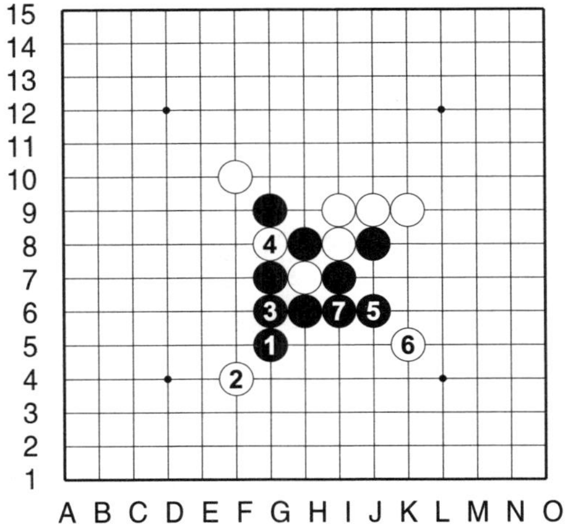

第22题

如图所示，双方各8子。黑先行，如何以VCF取胜？

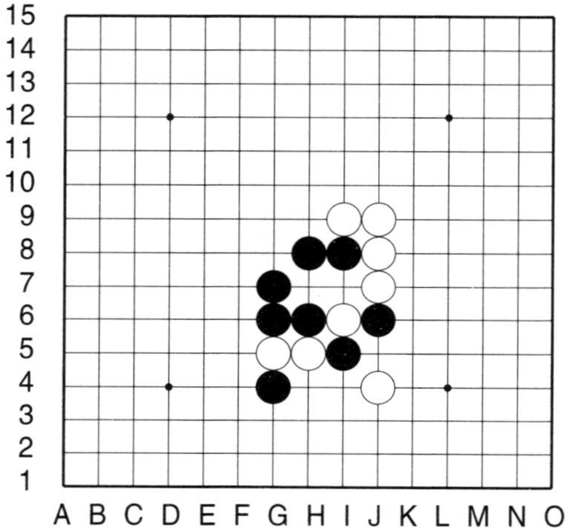

第22题答案

黑1冲四，直至黑7为止，黑方形成活四，胜定。

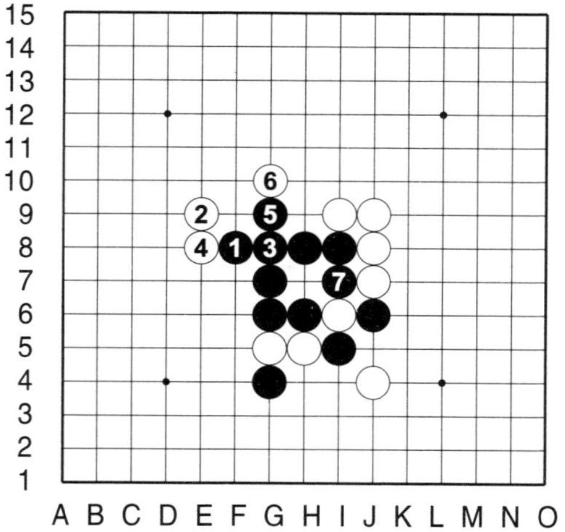

第23题

如图所示，双方各8子。黑先行，如何以VCF取胜？

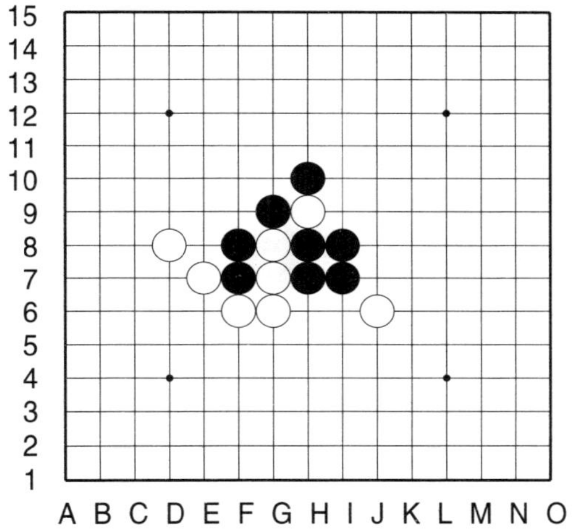

第23题答案

黑1冲四，直至黑7为止，黑方形成活四，胜定。

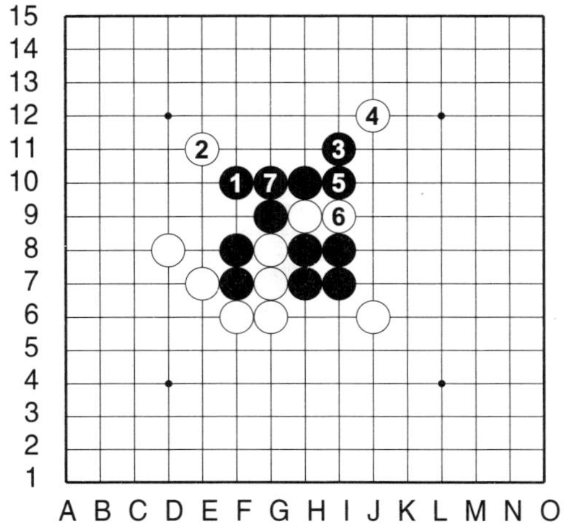

第24题

如图所示，双方各8子。黑先行，如何以VCF取胜？

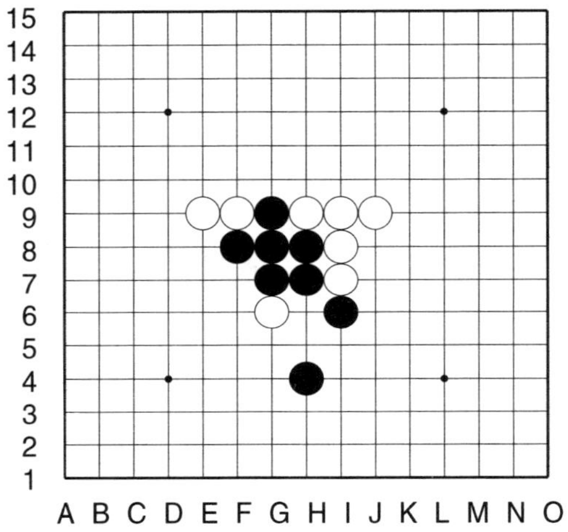

第24题答案

黑1冲四，直至黑7为止，黑方形成活四，胜定。

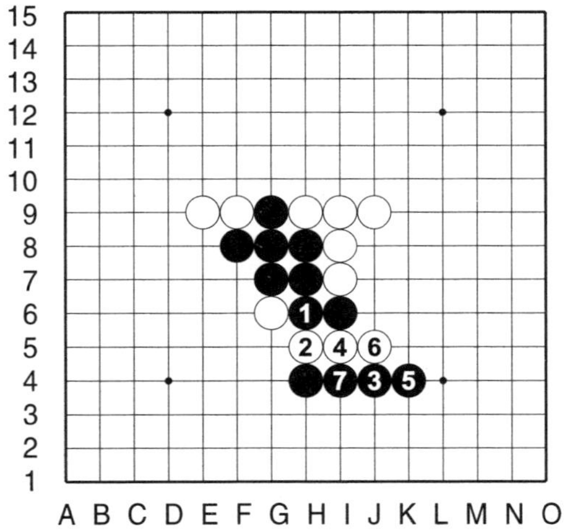

第25题

如图所示，双方各6子。黑先行，如何以VCF取胜？

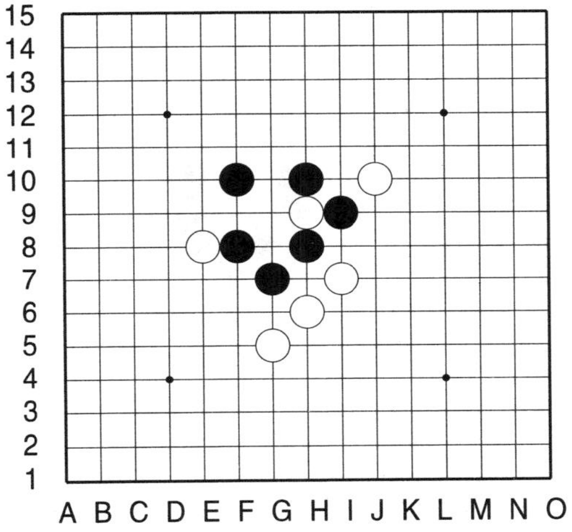

第25题答案

黑1冲四，直至黑7为止，黑方形成活四，胜定。

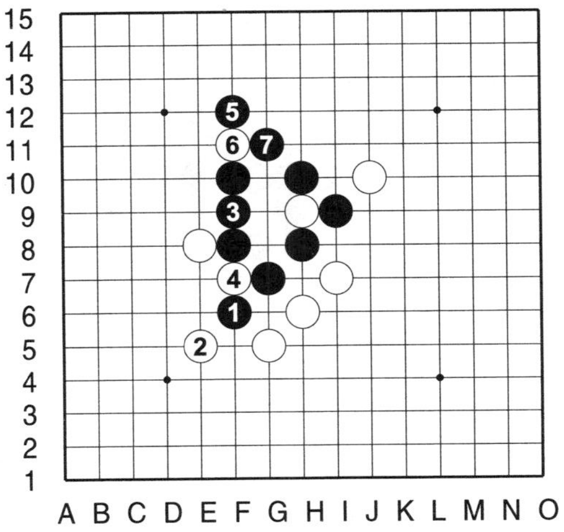

第26题

如图所示，双方各7子。黑先行，如何以VCF取胜？

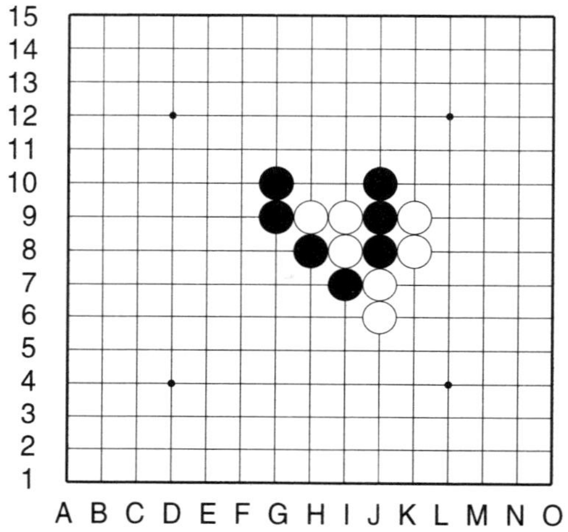

第26题答案

黑1冲四，直至黑7为止，黑方形成活四，胜定。

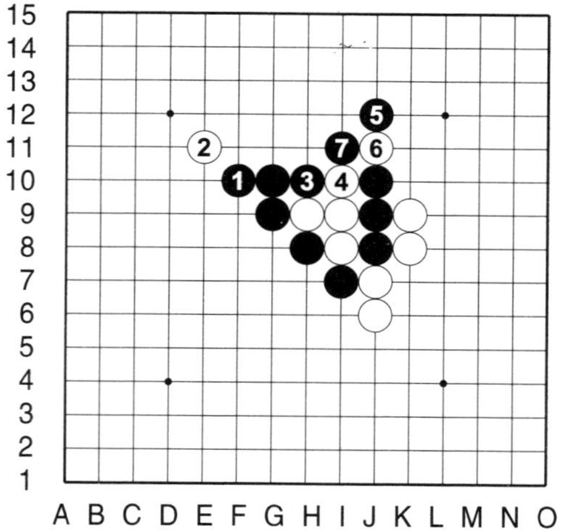

第27题

如图所示，双方各8子。黑先行，如何以VCF取胜？

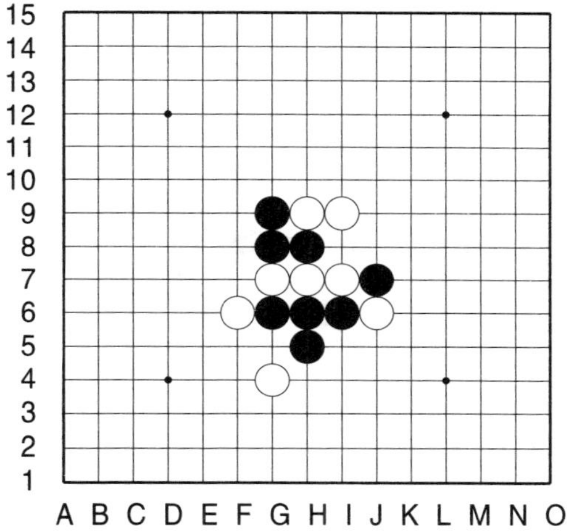

第27题答案

黑1冲四，直至黑7为止，黑方形成活四，胜定。

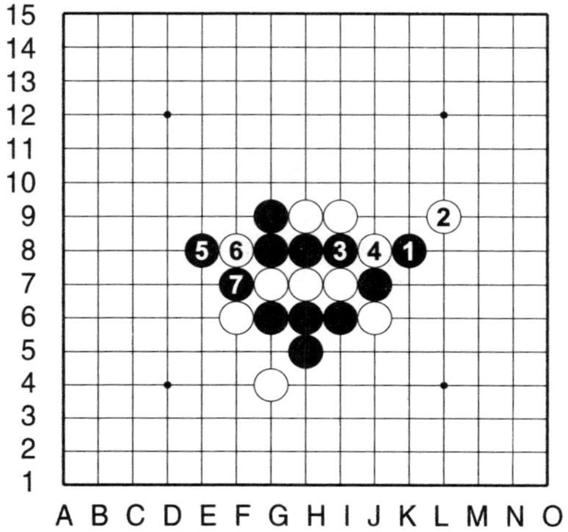

第28题

如图所示，双方各7子。黑先行，如何以VCF取胜？

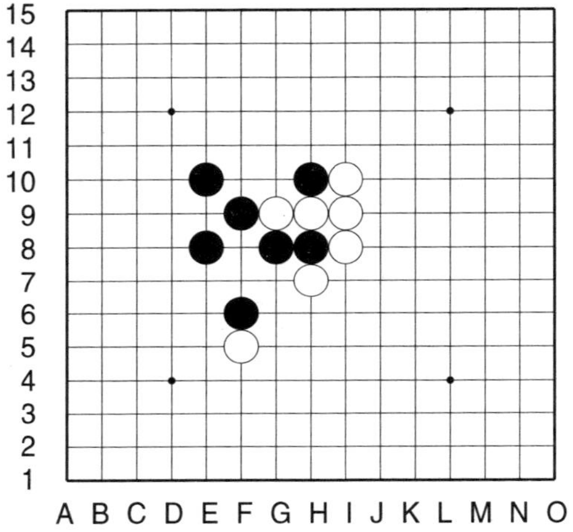

第28题答案

黑1冲四，直至黑7为止，黑方形成活四，胜定。

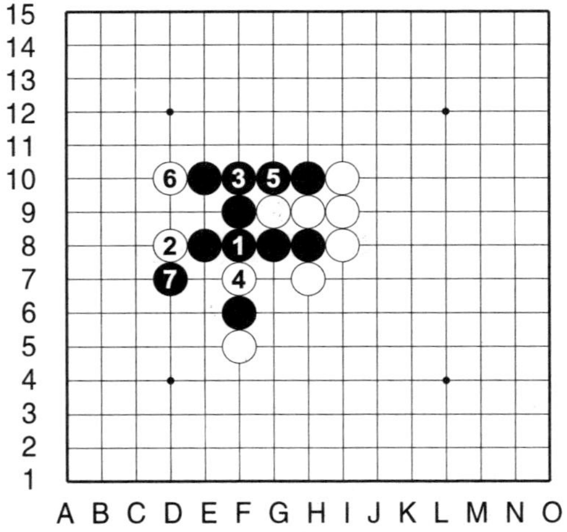

第29题

如图所示，双方各8子。黑先行，如何以VCF取胜？

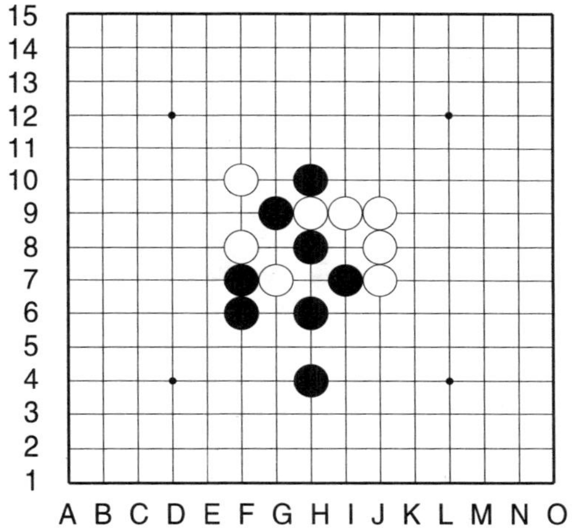

第29题答案

黑1冲四，直至黑7为止，黑方形成活四，胜定。

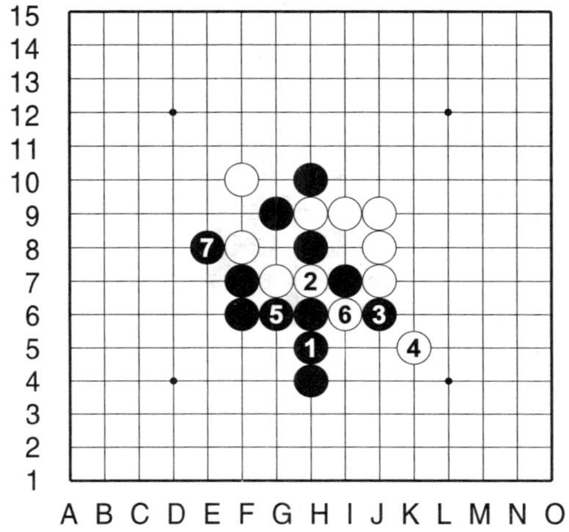

第30题

如图所示，双方各8子。黑先行，如何以VCF取胜？

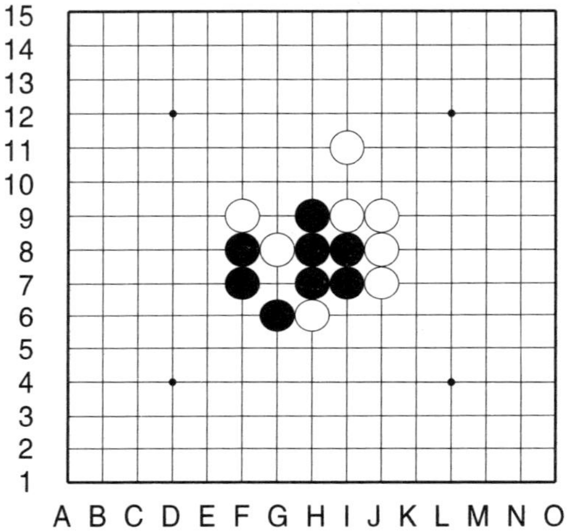

第30题答案

黑1冲四，直至黑7为止，黑方形成活四，胜定。

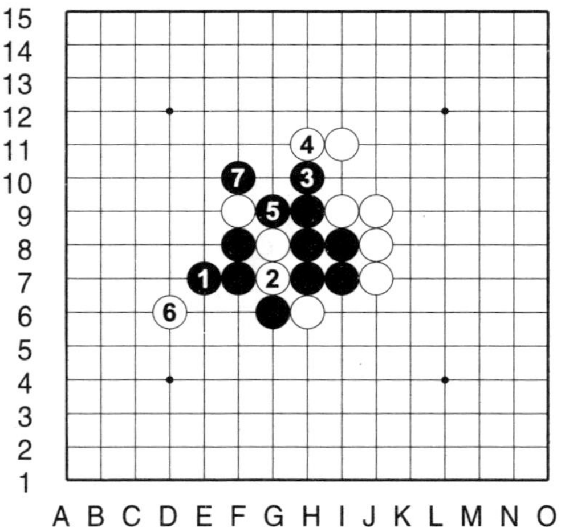

第31题

如图所示，双方各7子。黑先行，如何以VCF取胜？

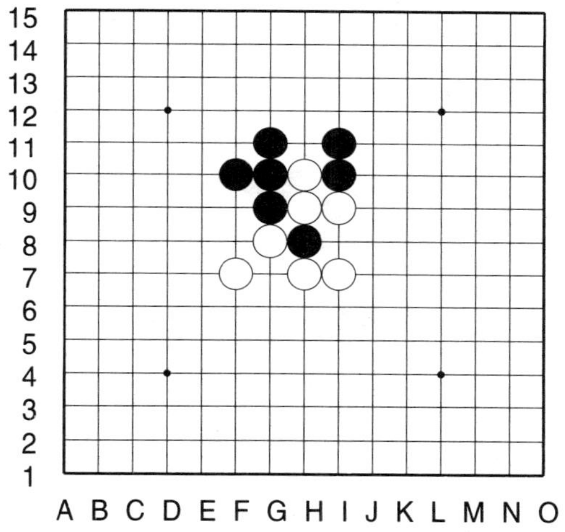

第31题答案

黑1冲四，直至黑7为止，黑方形成活四，胜定。

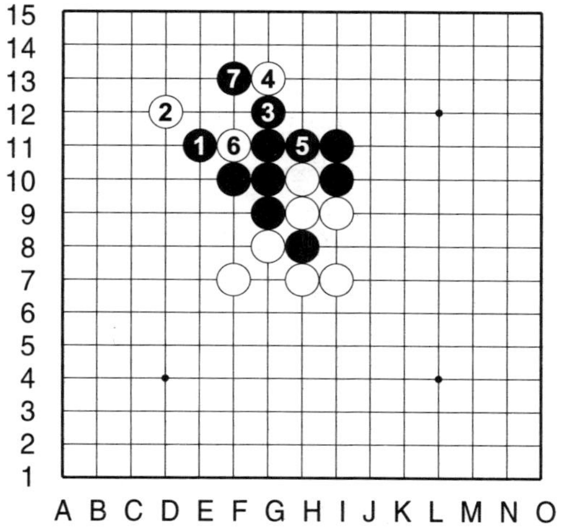

第32题

如图所示，双方各9子。黑先行，如何以VCF取胜？

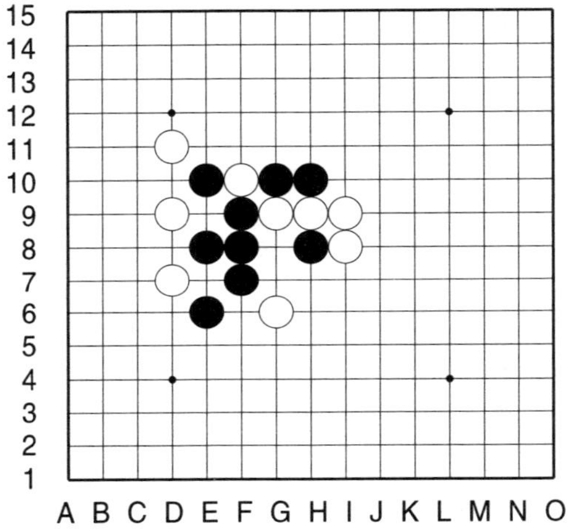

第32题答案

黑1冲四，直至黑7为止，黑方形成活四，胜定。

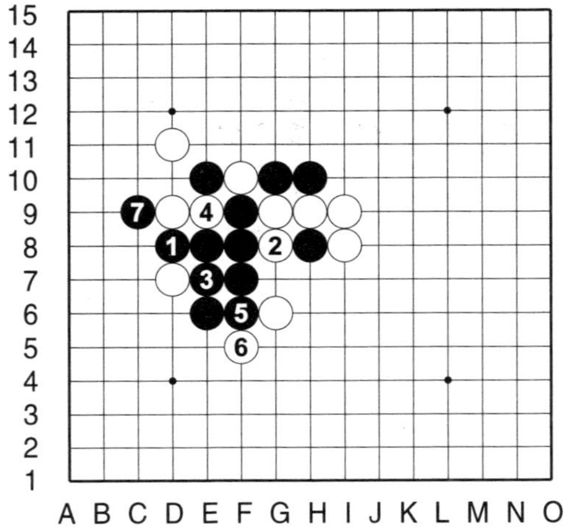

第33题

如图所示，双方各8子。黑先行，如何以VCF取胜？

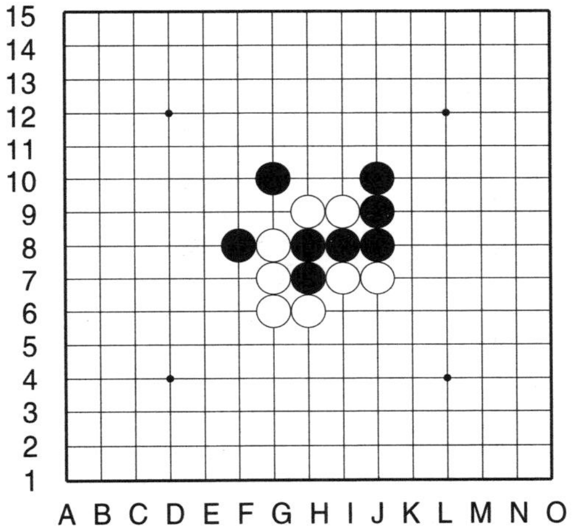

第33题答案

黑1冲四，直至黑7为止，黑方形成活四，胜定。

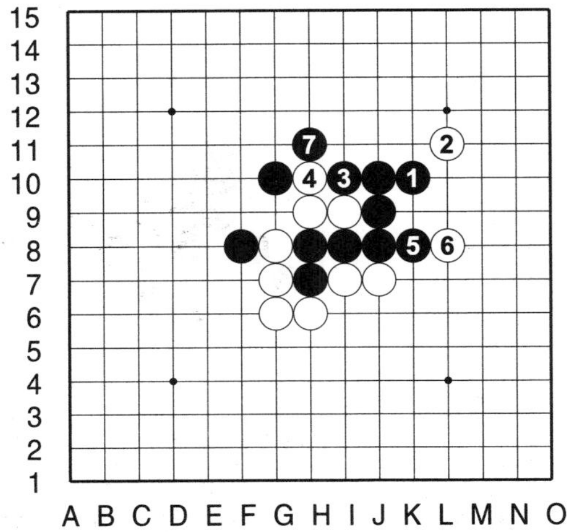

第34题

如图所示，双方各9子。黑先行，如何以VCF取胜？

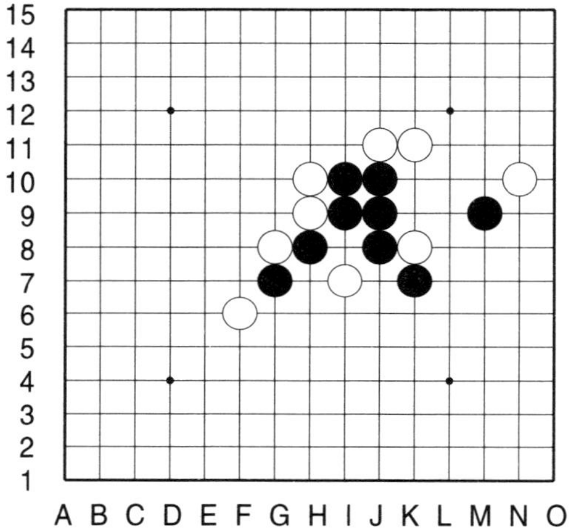

第34题答案

黑1冲四，直至黑7为止，黑方形成活四，胜定。

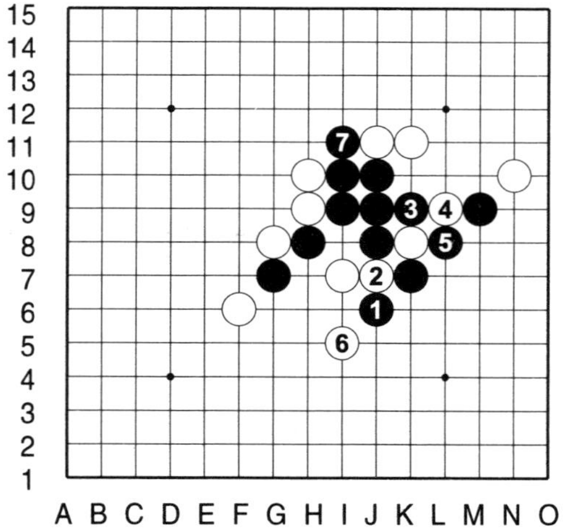

第35题

如图所示，双方各6子。黑先行，如何以VCF取胜？

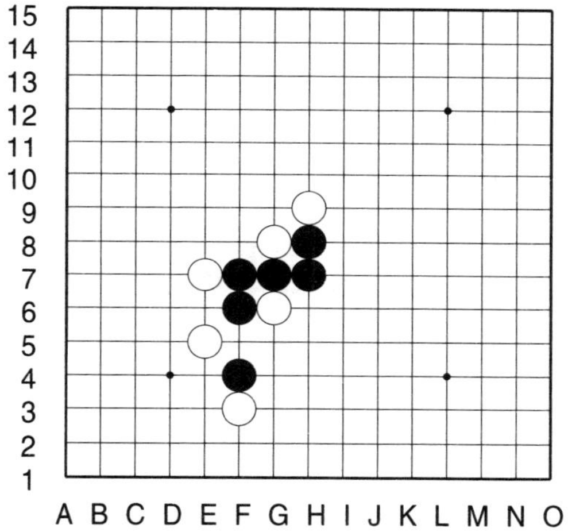

第35题答案

黑1冲四，直至黑7为止，黑方形成活四，胜定。

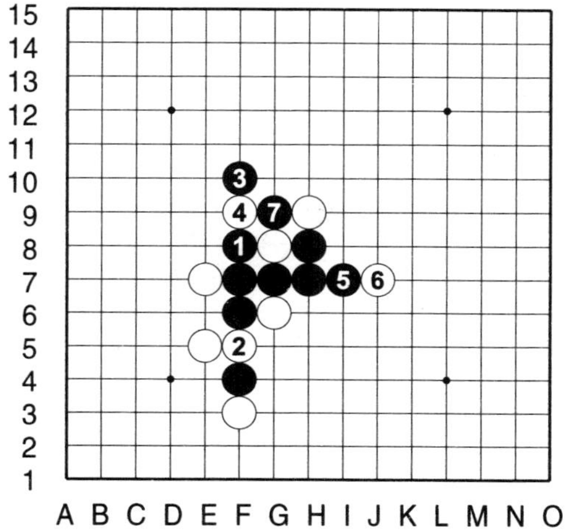

第36题

如图所示，双方各8子。黑先行，如何以VCF取胜？

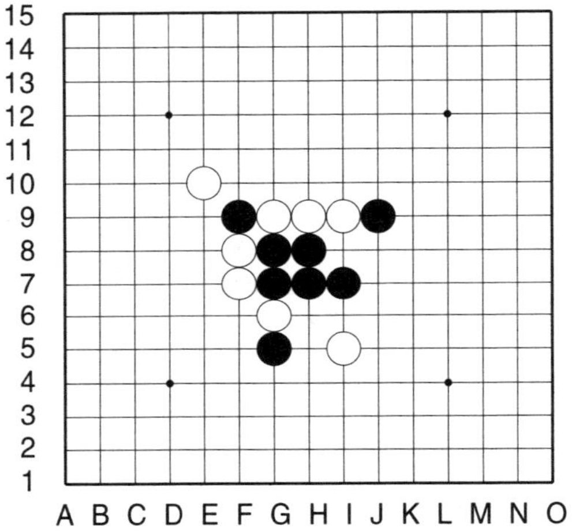

第36题答案

黑1冲四，直至黑7为止，黑方形成活四，胜定。

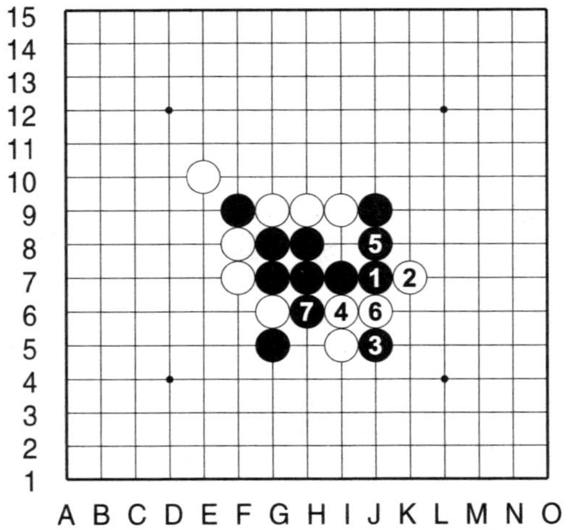

第37题

如图所示，双方各6子。黑先行，如何以VCF取胜？

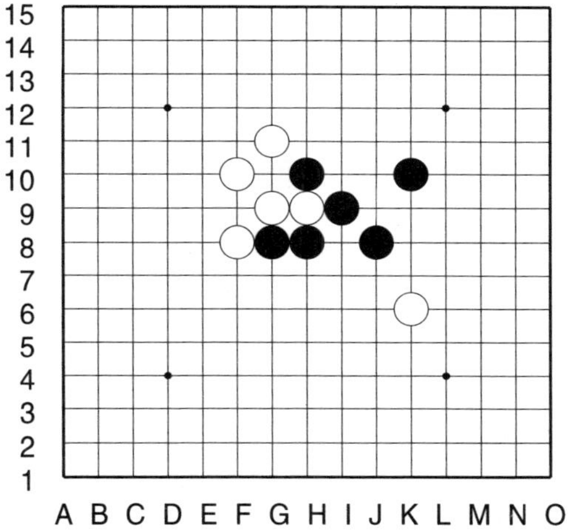

第37题答案

黑1冲四，直至黑7为止，黑方形成活四，胜定。

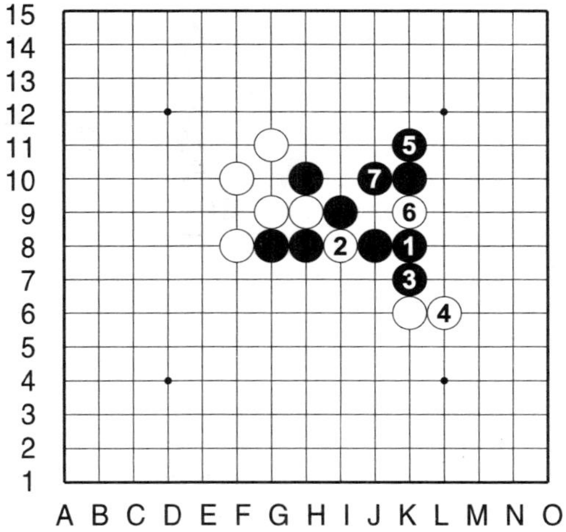

第38题

如图所示，双方各8子。黑先行，如何以VCF取胜？

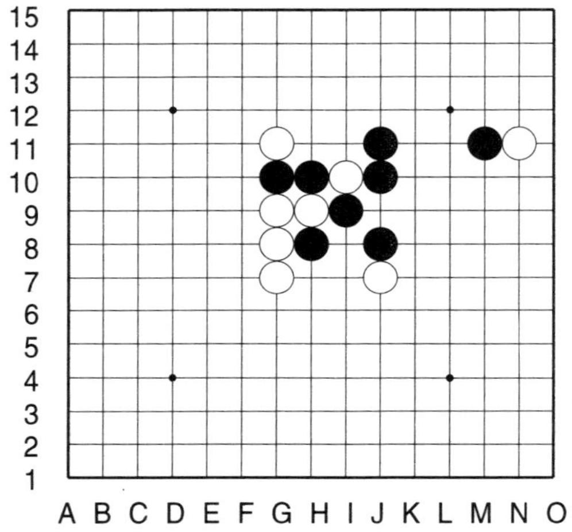

第38题答案

黑1冲四，直至黑7为止，黑方形成活四，胜定。

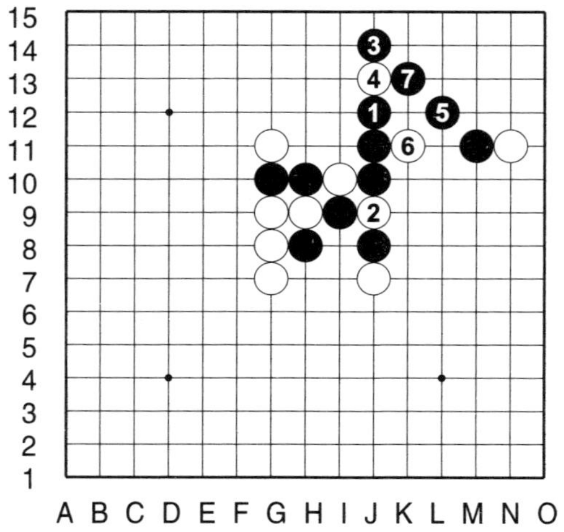

第39题

如图所示，双方各6子。黑先行，如何以VCF取胜？

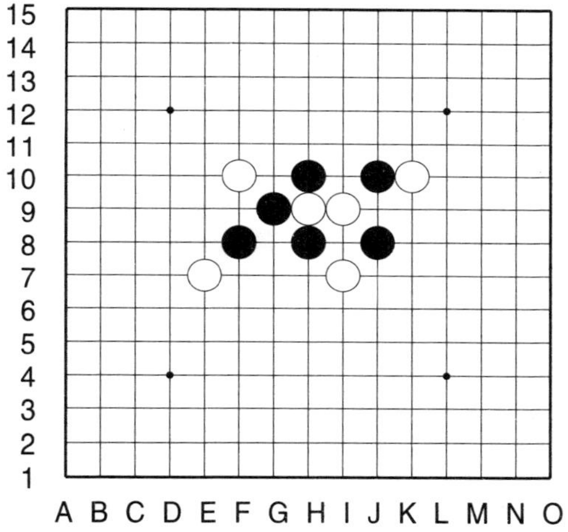

第39题答案

黑1冲四，直至黑7为止，黑方形成活四，胜定。

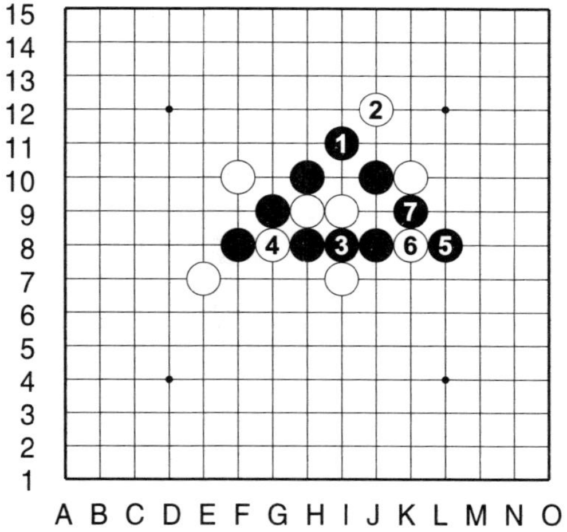

第40题

如图所示，双方各7子。黑先行，如何以VCF取胜？

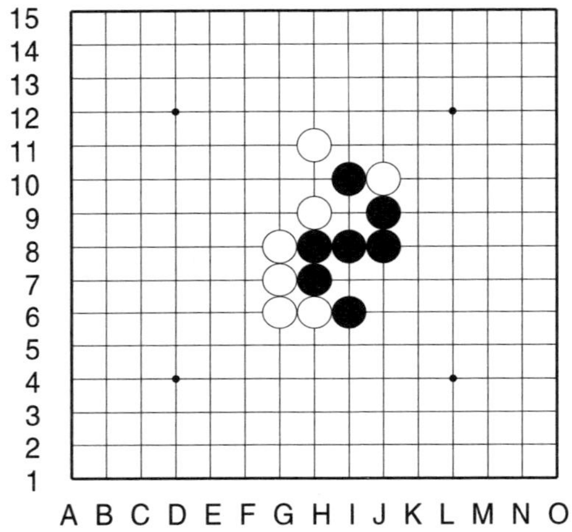

第40题答案

黑1冲四，直至黑9为止，黑方形成活四，胜定。

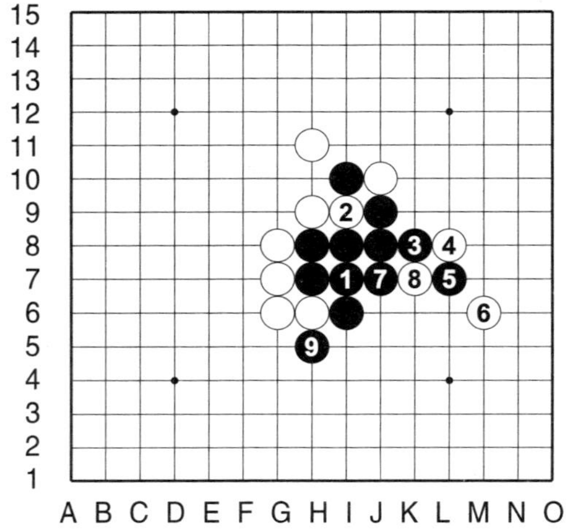

第41题

如图所示，双方各8子。黑先行，如何以VCF取胜？

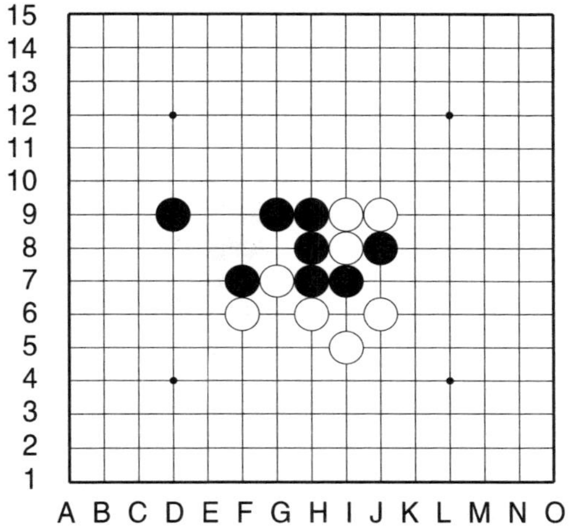

第41题答案

黑1冲四，直至黑9为止，黑方形成活四，胜定。

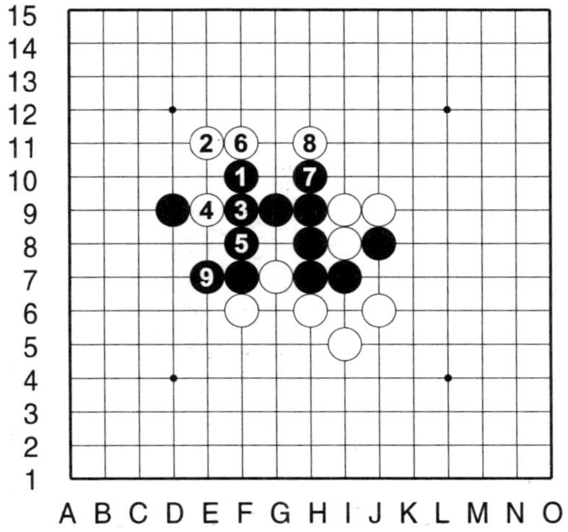

第42题

如图所示，双方各8子。黑先行，如何以VCF取胜？

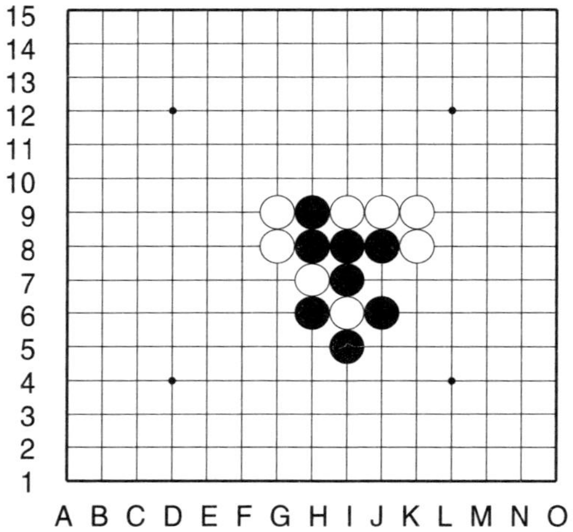

第42题答案

黑1冲四，直至黑9为止，黑方形成活四，胜定。

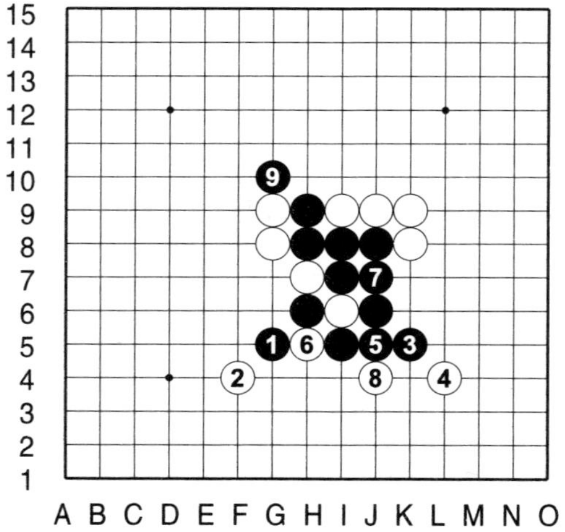

第43题

如图所示，双方各8子。黑先行，如何以VCF取胜？

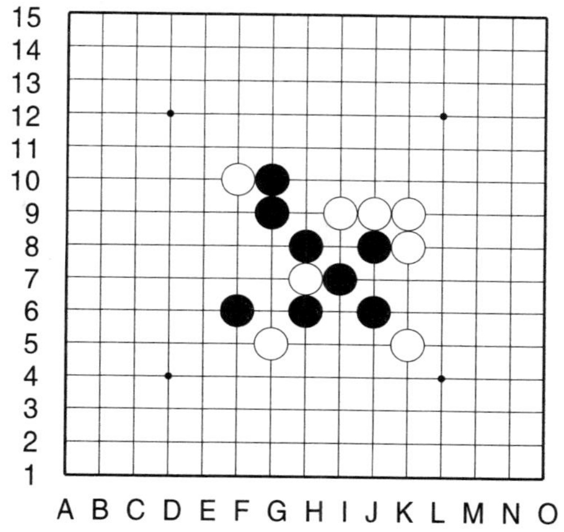

第43题答案

黑1冲四，直至黑9为止，黑方形成活四，胜定。

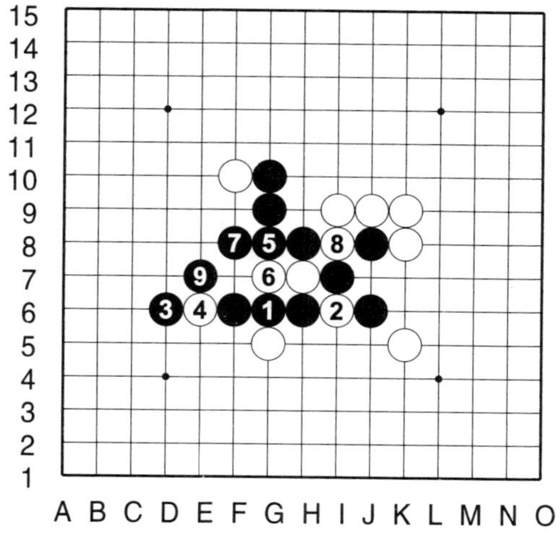

第44题

如图所示，双方各7子。黑先行，如何以VCF取胜？

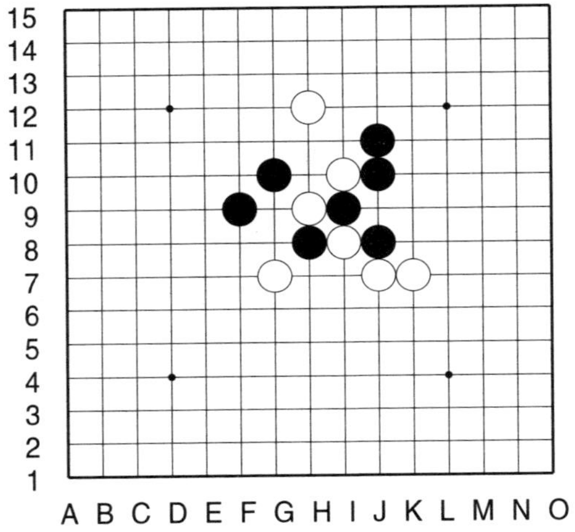

第44题答案

黑1冲四，直至黑9为止，黑方形成活四，胜定。

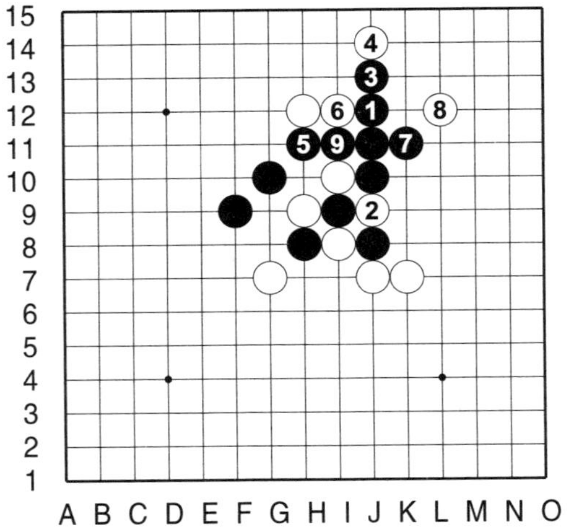

第45题

如图所示，双方各9子。黑先行，如何以VCF取胜？

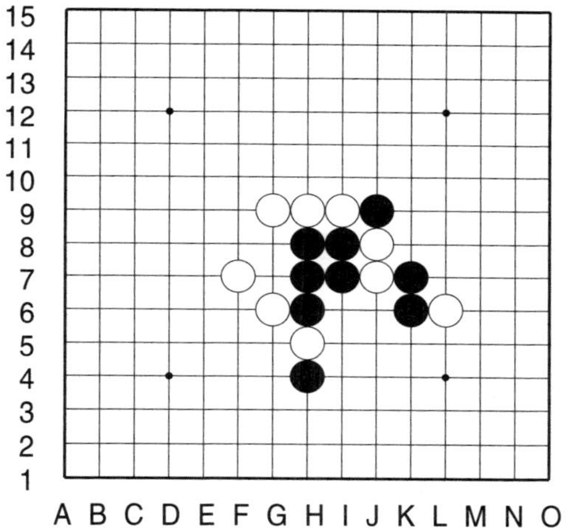

第45题答案

黑1冲四，直至黑9为止，黑方形成活四，胜定。

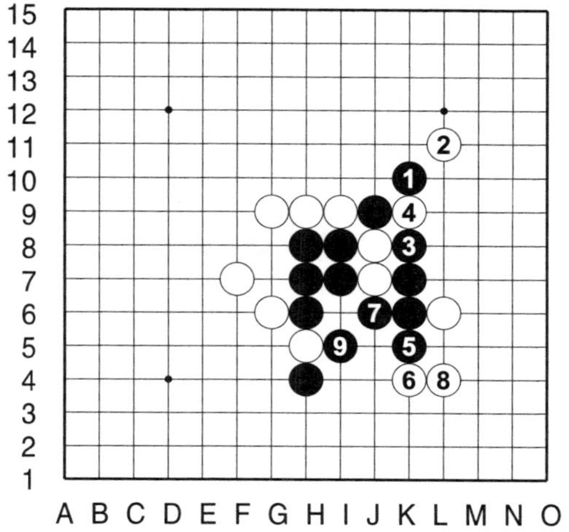

第46题

如图所示，双方各7子。黑先行，如何以VCF取胜?

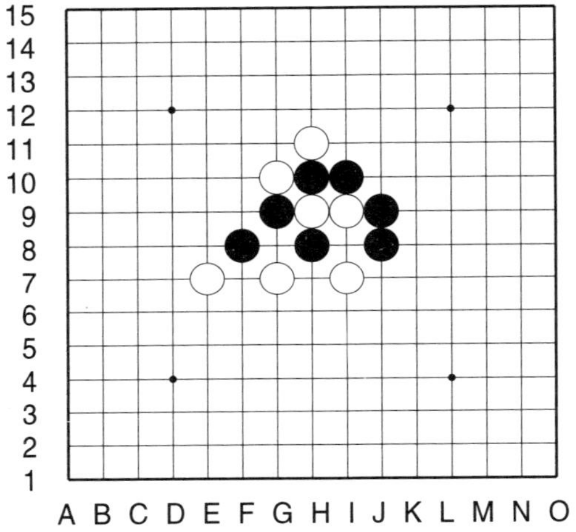

第46题答案

黑1冲四，直至黑9为止，黑方形成活四，胜定。

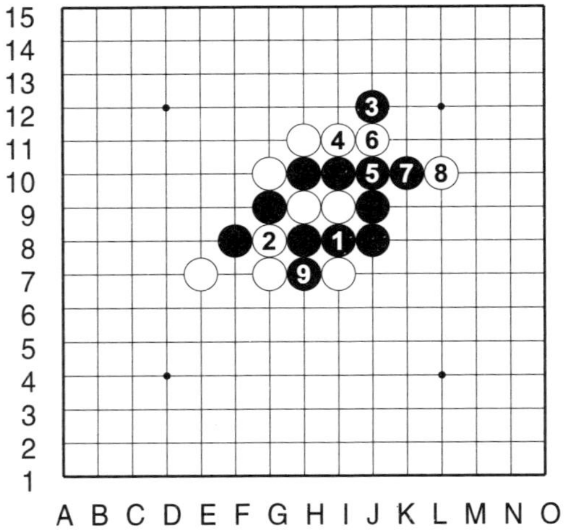

第47题

如图所示，双方各10子。黑先行，如何以VCF取胜？

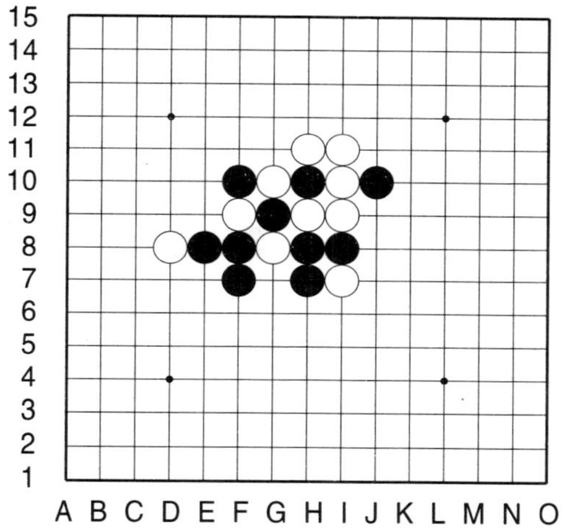

第47题答案

黑1冲四，直至黑9为止，黑方形成活四，胜定。

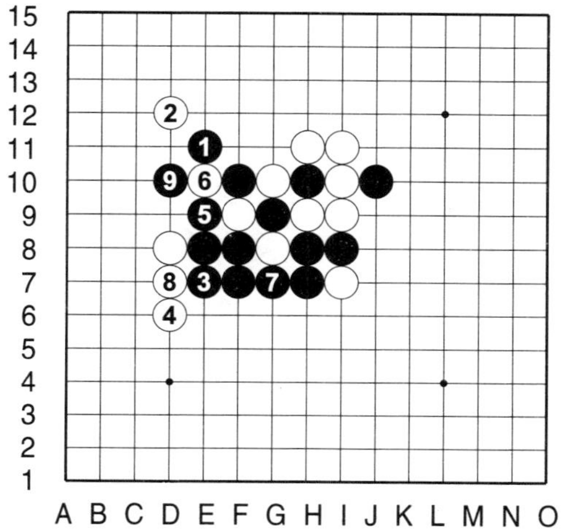

第48题

如图所示，双方各7子。黑先行，如何以VCF取胜？

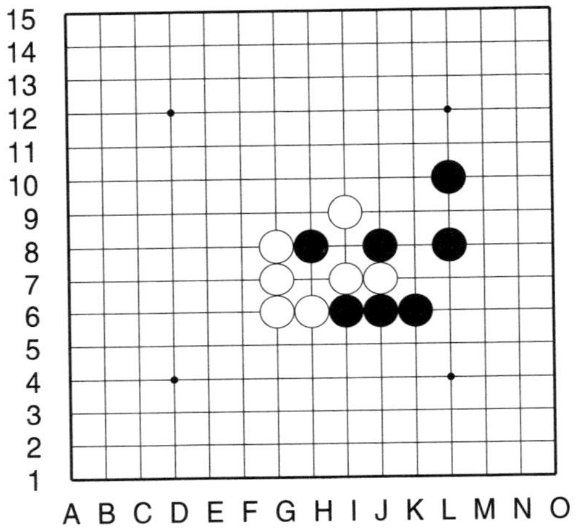

第48题答案

黑1冲四，直至黑9为止，黑方形成活四，胜定。

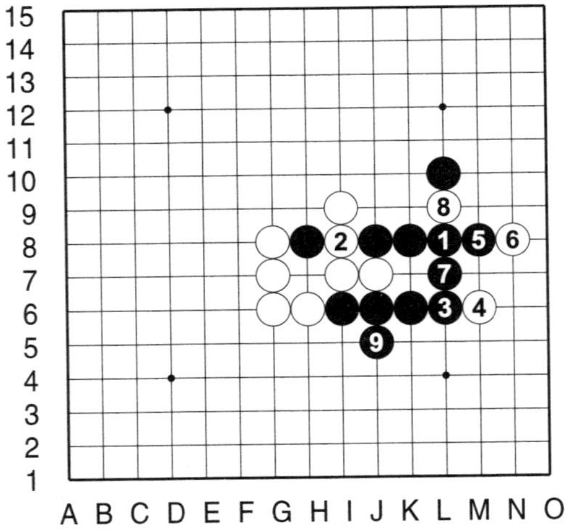

第49题

如图所示，双方各8子。黑先行，如何以VCF取胜？

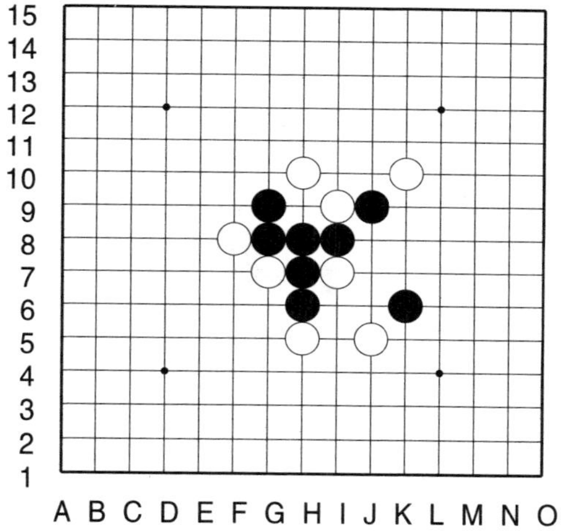

第49题答案

黑1冲四，直至黑9为止，黑方形成活四，胜定。

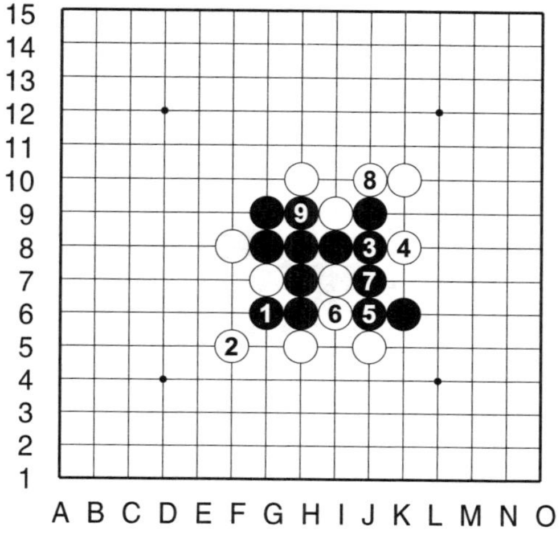

第50题

如图所示，双方各7子。黑先行，如何以VCF取胜？

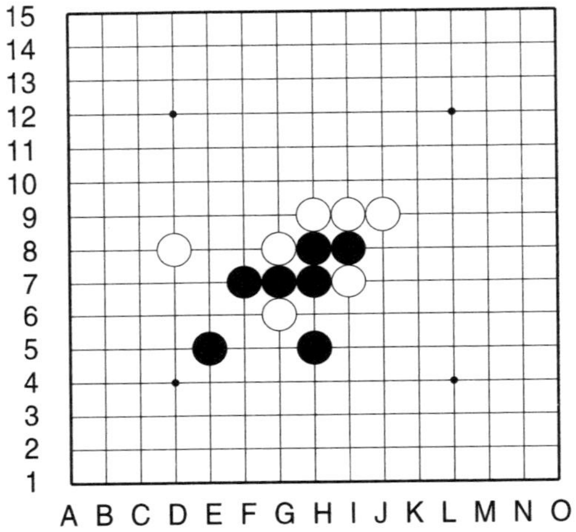

第50题答案

黑1冲四，直至黑9为止，黑方形成活四，胜定。

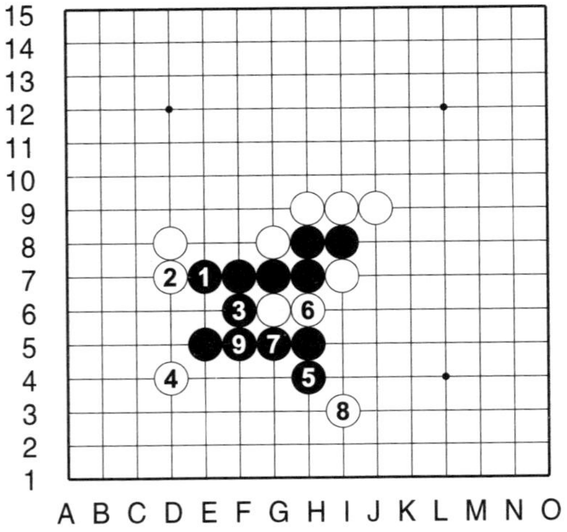

第51题

如图所示，双方各7子。黑先行，如何以VCF取胜？

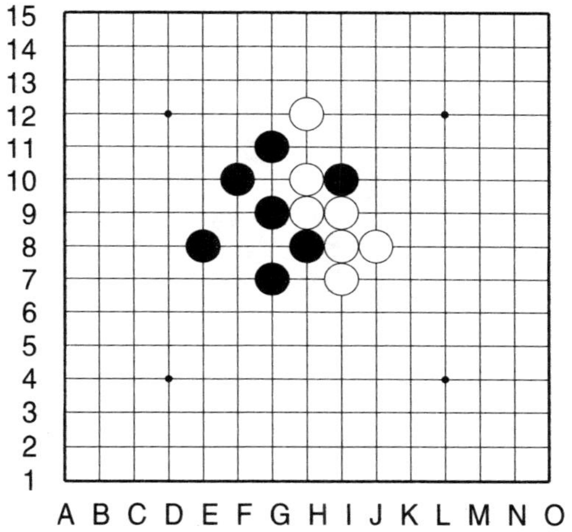

第51题答案

黑1冲四，直至黑9为止，黑方形成活四，胜定。

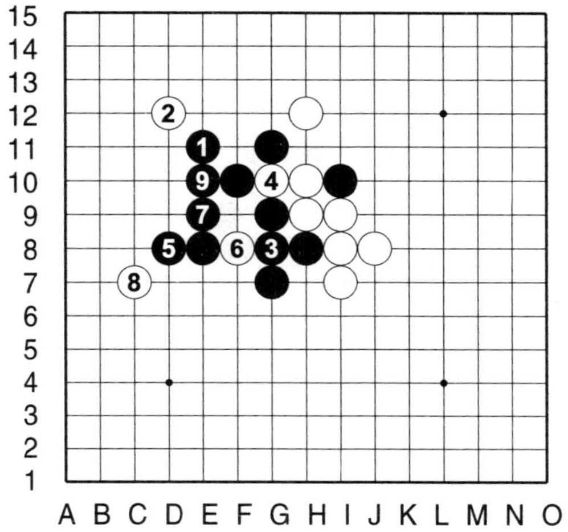

第52题

如图所示，双方各8子。黑先行，如何以VCF取胜?

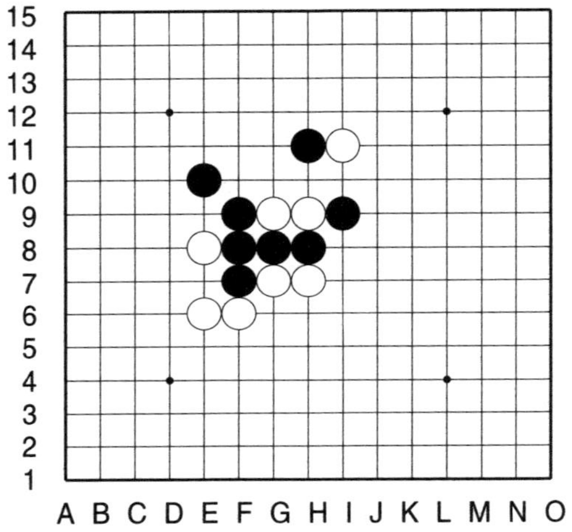

第52题答案

黑1冲四，直至黑9为止，黑方形成活四，胜定。

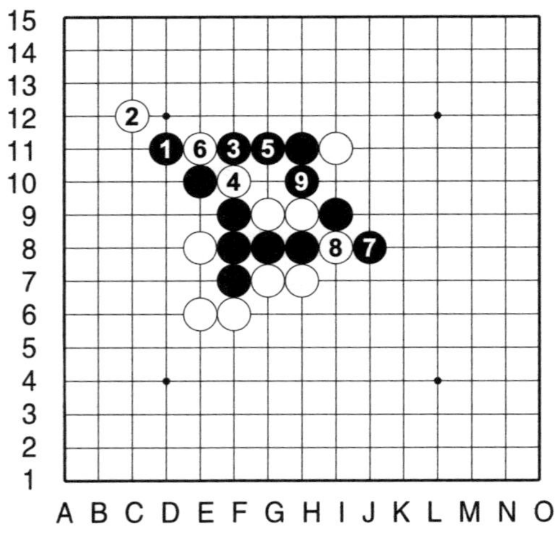

第53题

如图所示，双方各11子。黑先行，如何以VCF取胜？

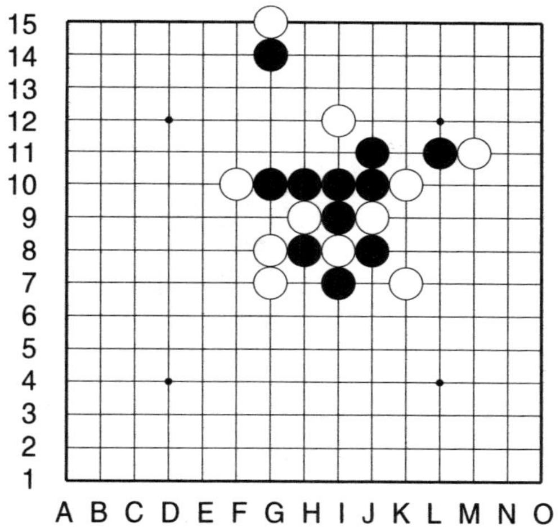

第53题答案

黑1冲四，直至黑9为止，黑方形成活四，胜定。

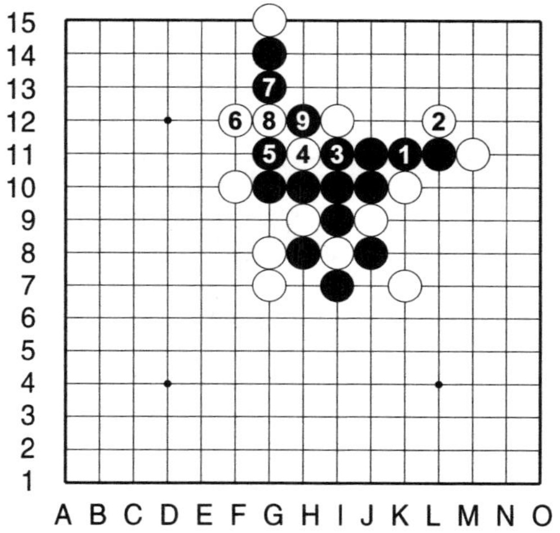

第54题

如图所示，双方各12子。黑先行，如何以VCF取胜？

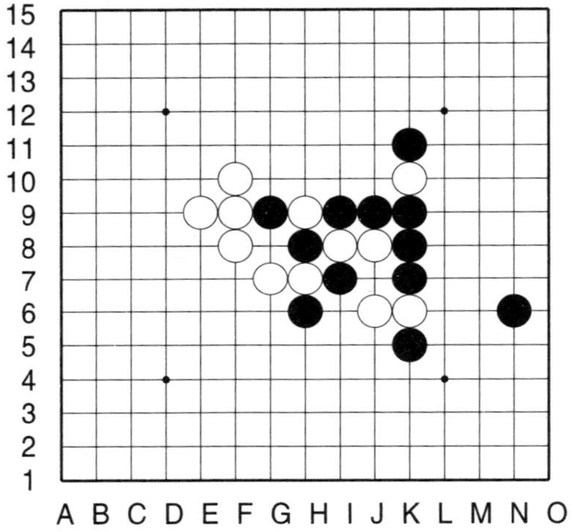

第54题答案

黑1冲四，直至黑9为止，黑方形成活四，胜定。

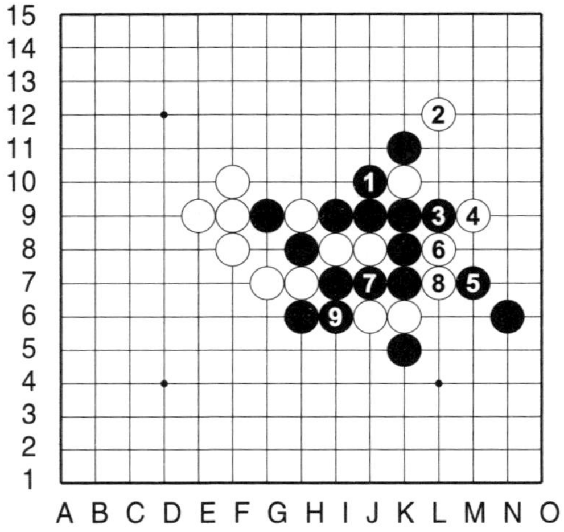

第55题

如图所示，双方各10子。黑先行，如何以VCF取胜？

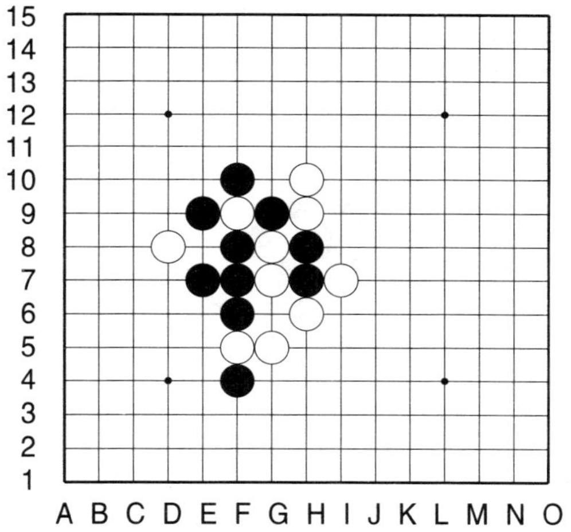

第55题答案

黑1冲四，直至黑9为止，黑方形成活四，胜定。

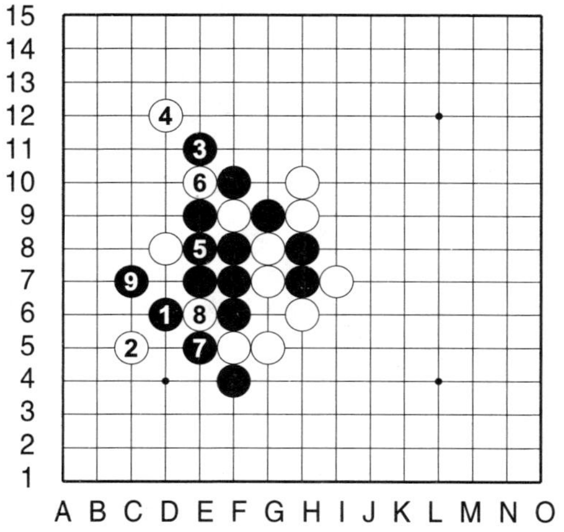

第56题

如图所示，双方各9子。黑先行，如何以VCF取胜？

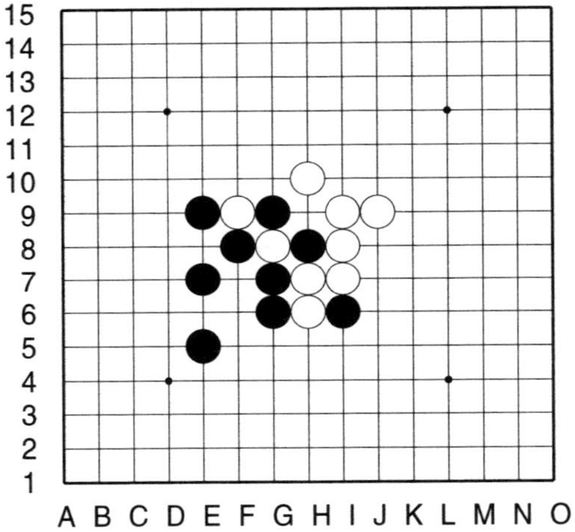

第56题答案

黑1冲四，直至黑9为止，黑方形成活四，胜定。

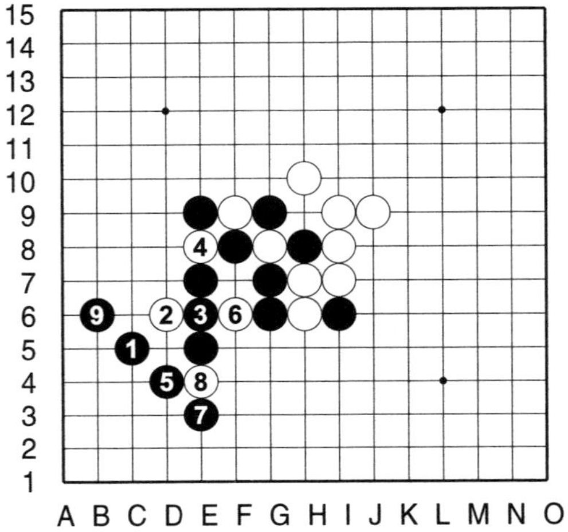

第57题

如图所示，双方各10子。黑先行，如何以VCF取胜？

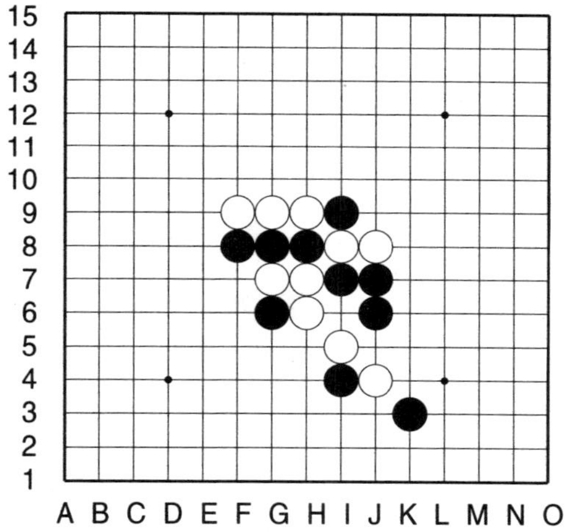

第57题答案

黑1冲四，直至黑9为止，黑方形成活四，胜定。

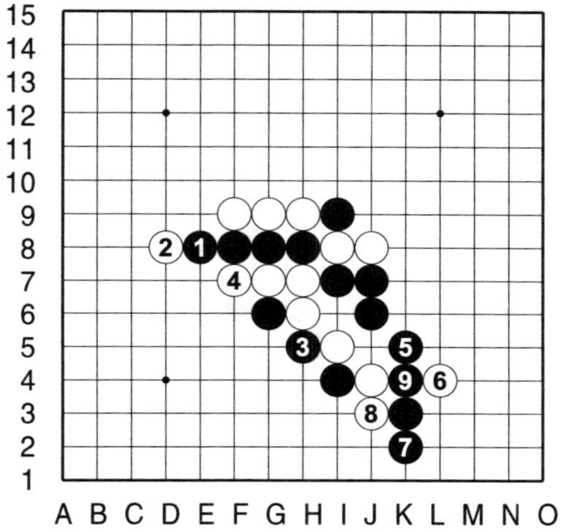

第58题

如图所示，双方各7子。黑先行，如何以VCF取胜？

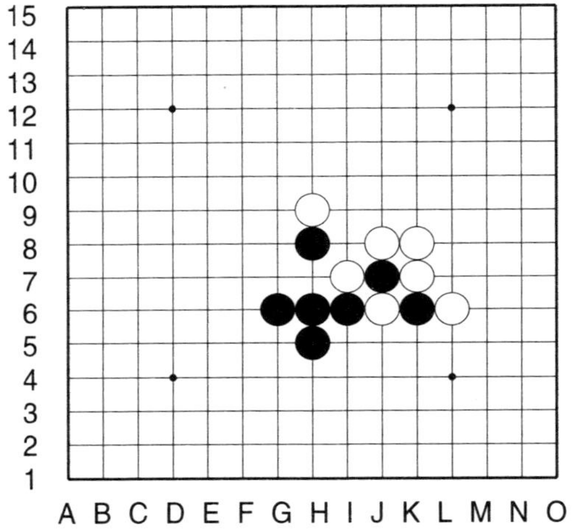

第58题答案

黑1冲四，直至黑9为止，黑方形成活四，胜定。

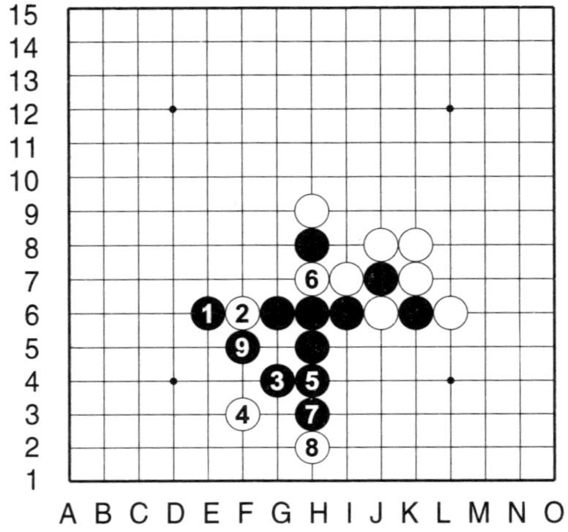

第59题

如图所示，双方各9子。黑先行，如何以VCF取胜？

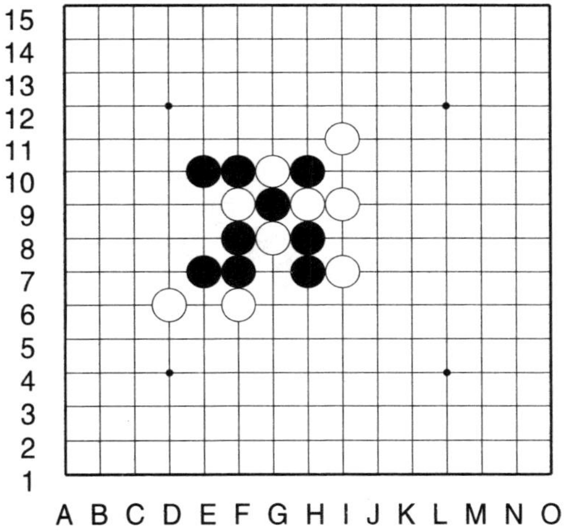

第59题答案

黑1冲四，直至黑9为止，黑方形成活四，胜定。

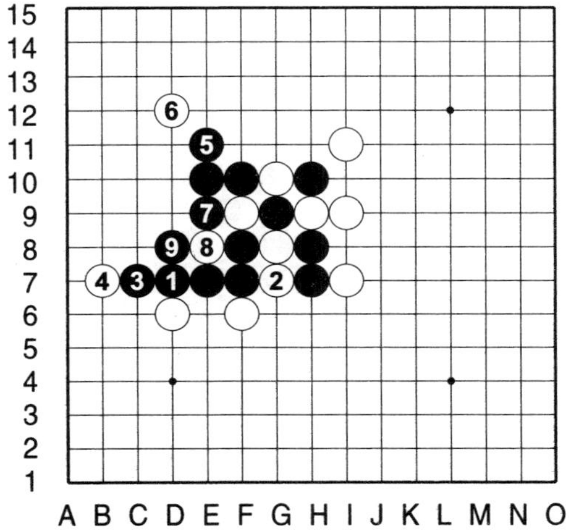

第60题

如图所示，双方各8子。黑先行，如何以VCF取胜？

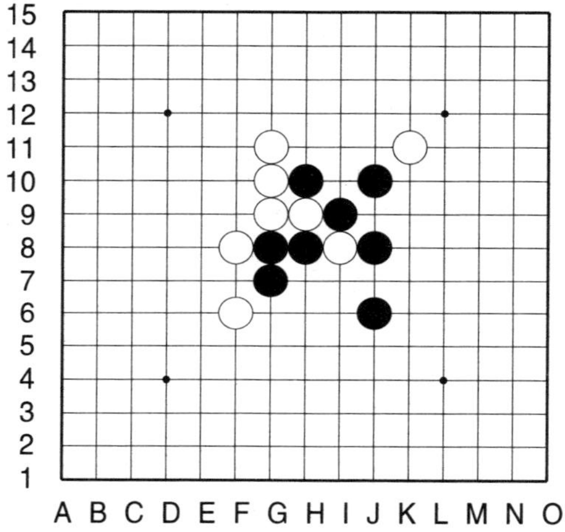

第60题答案

黑1冲四，直至黑9为止，黑方形成活四，胜定。

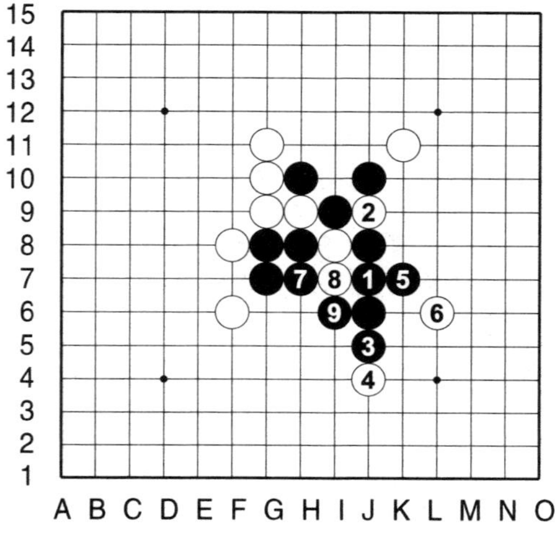

第二节 白先VCF排局题解（61～100题）

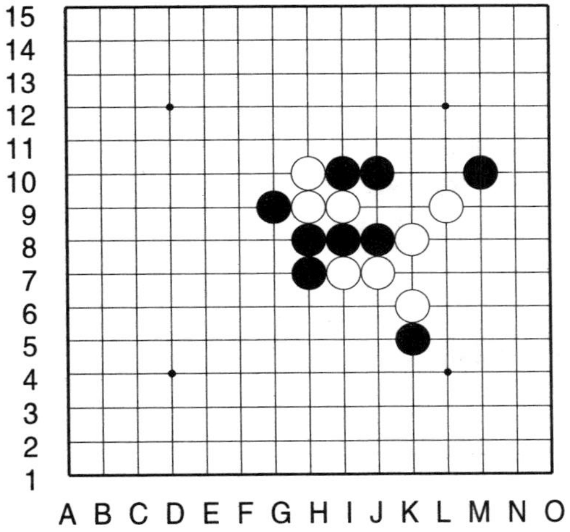

第61题

如图所示，盘面黑方9子、白方8子。白先行，如何以VCF取胜？

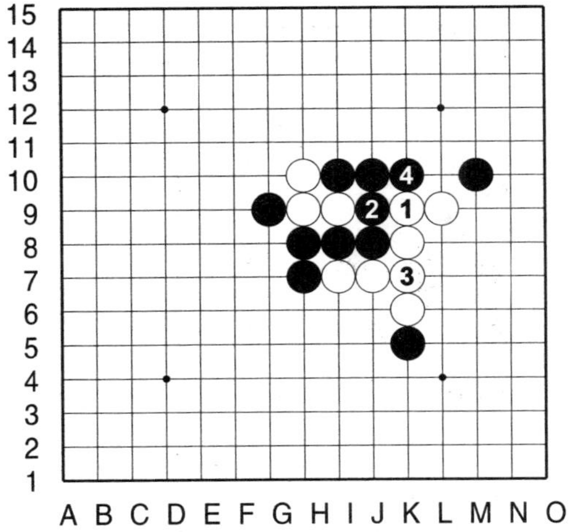

第61题答案

白1冲四，至白3为止，抓黑4四四禁手，白胜。

第62题

如图所示，盘面黑方11子、白方10子。白先行，如何以VCF取胜？

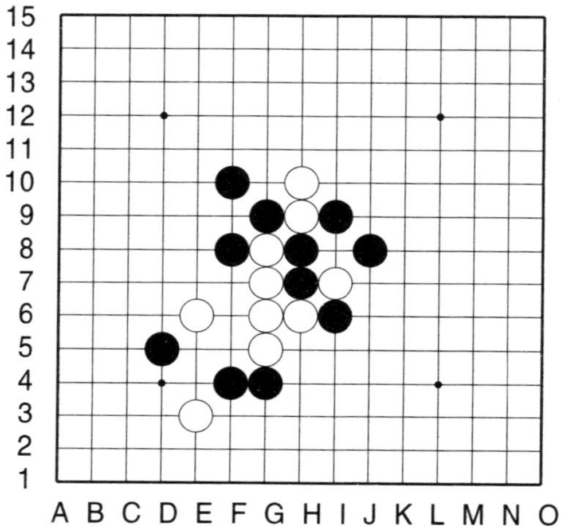

第62题答案

白1冲四，至白3为止，抓黑4四四禁手，白胜。

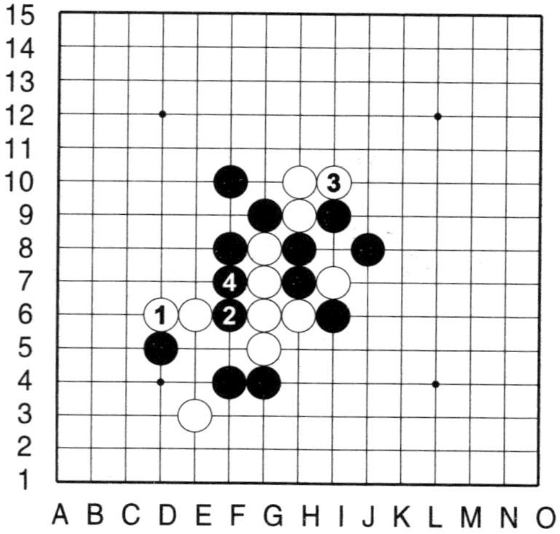

第63题

如图所示，盘面黑方8子、白方7子。白先行，如何以VCF取胜？

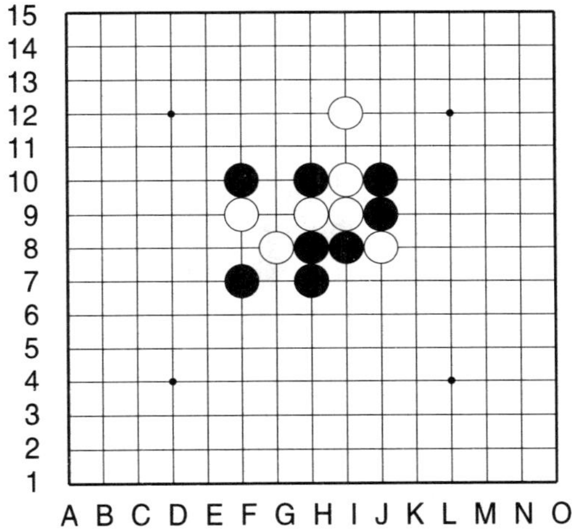

第63题答案

白1冲四，至白3为止，抓黑4三三禁手，白胜。

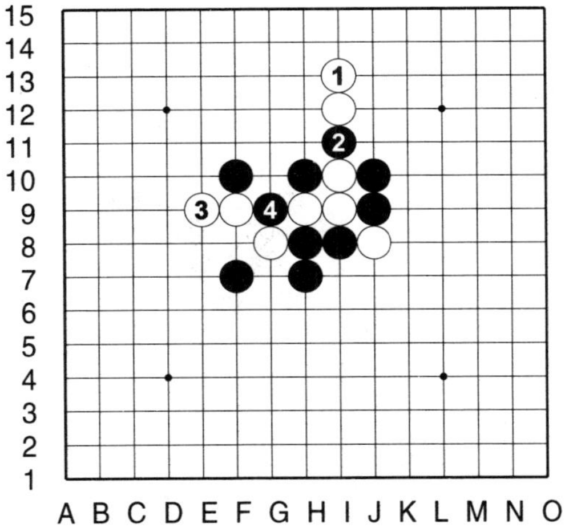

第64题

如图所示，盘面黑方8子、白方7子。白先行，如何以VCF取胜？

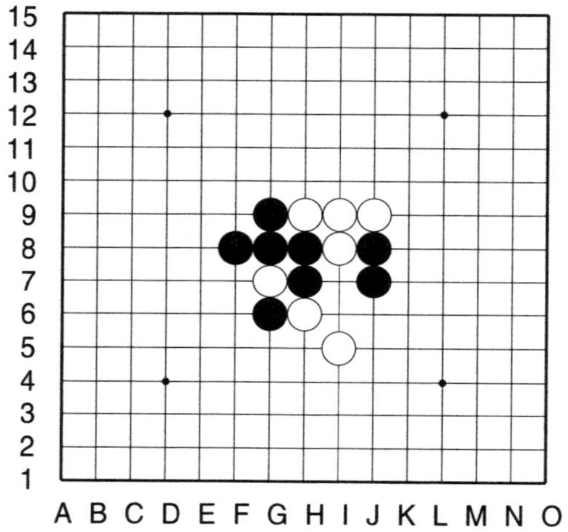

第64题答案

白1冲四，至白3为止，抓黑4三三禁手，白胜。

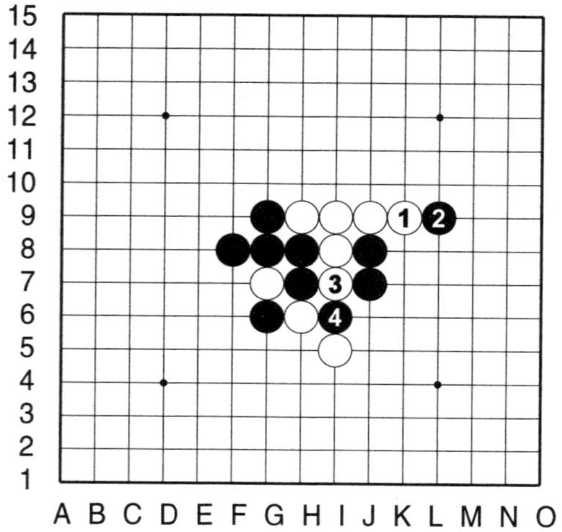

第65题

如图所示，盘面黑方7子、白方6子。白先行，如何以VCF取胜？

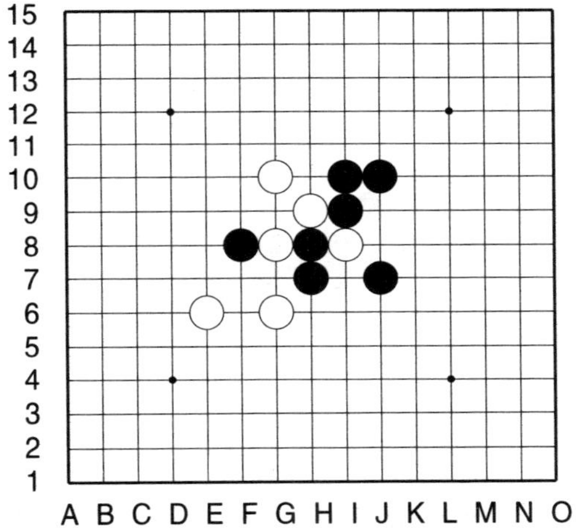

第65题答案

白1冲四，至白3为止，抓黑4四四禁手，白胜。

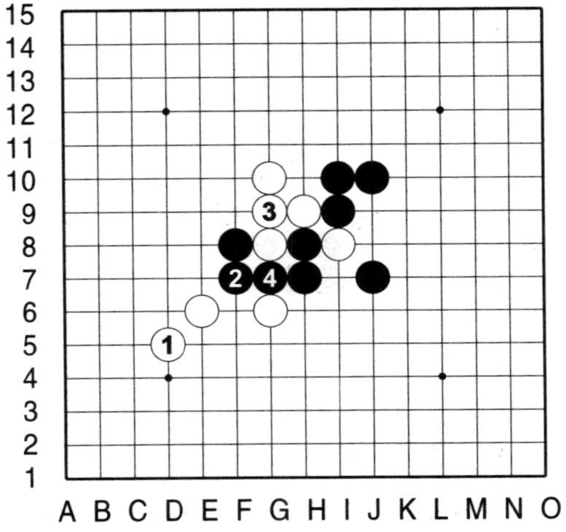

第66题

如图所示，盘面黑方7子、白方6子。白先行，如何以VCF取胜？

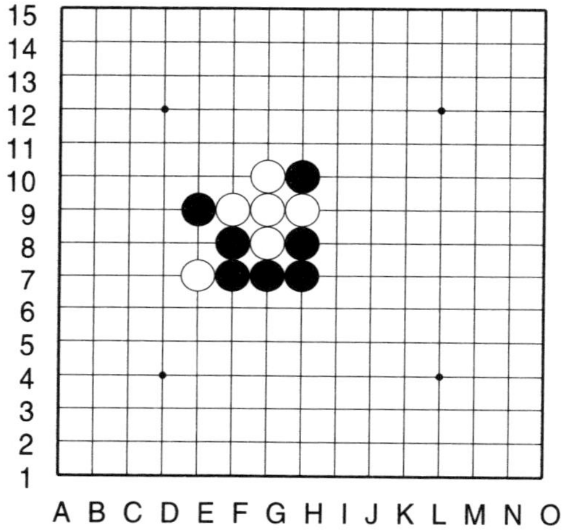

第66题答案

白1冲四，至白3为止，抓黑4三三禁手，白胜。

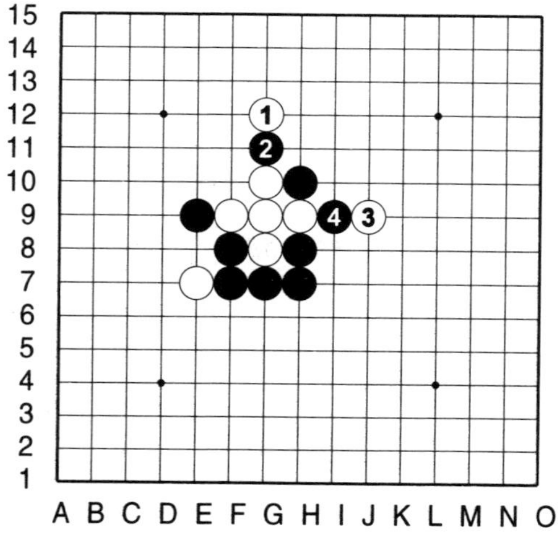

第67题

如图所示，盘面黑方6子、白方5子。白先行，如何以VCF取胜？

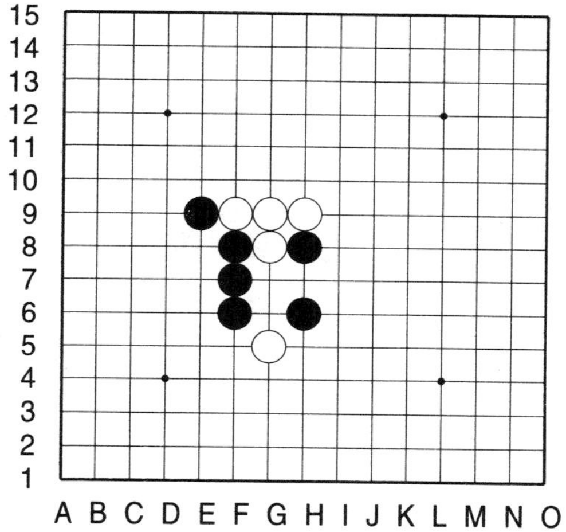

第67题答案

白1冲四，至白3为止，抓黑4四四禁手，白胜。

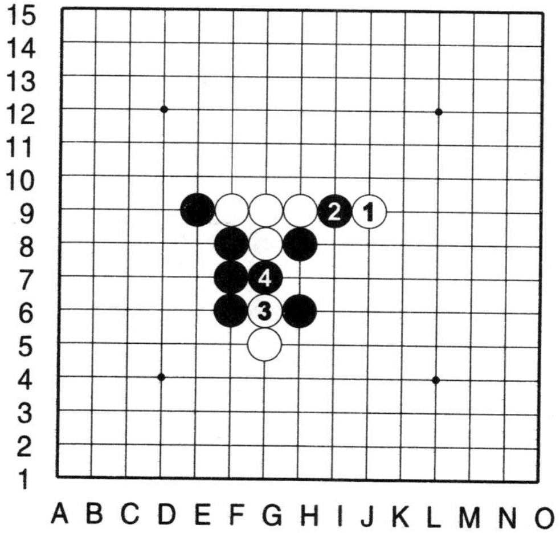

第68题

如图所示，盘面黑方9子、白方8子。白先行，如何以VCF取胜？

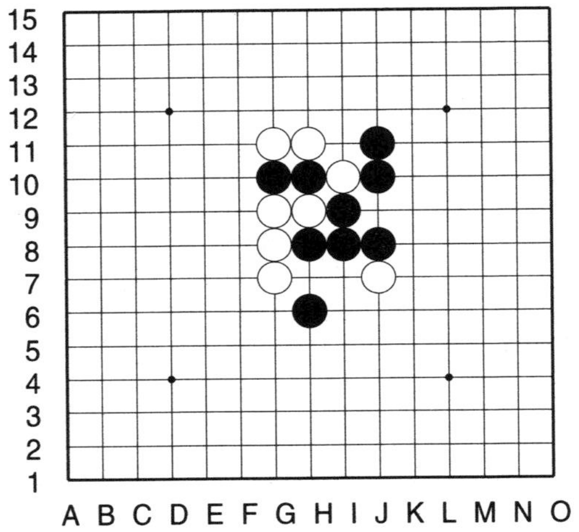

第68题答案

白1冲四，至白5为止，抓黑6三三禁手，白胜。

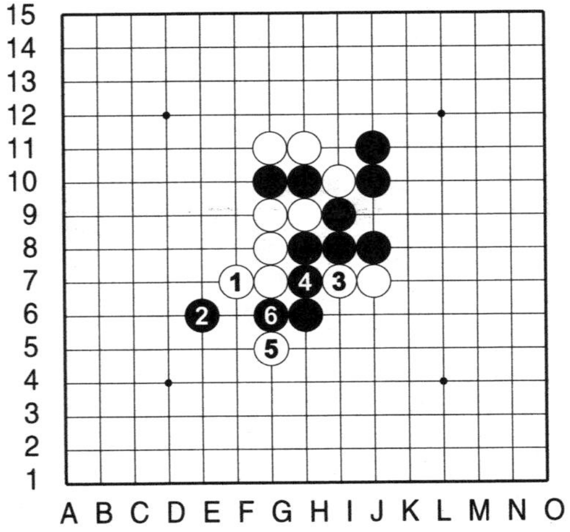

第69题

如图所示，盘面黑方9子、白方8子。白先行，如何以VCF取胜？

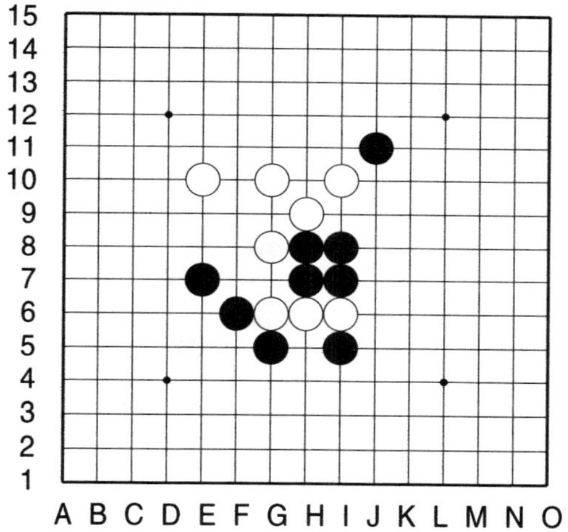

第69题答案

白1冲四，至白5为止，抓黑6四四禁手，白胜。

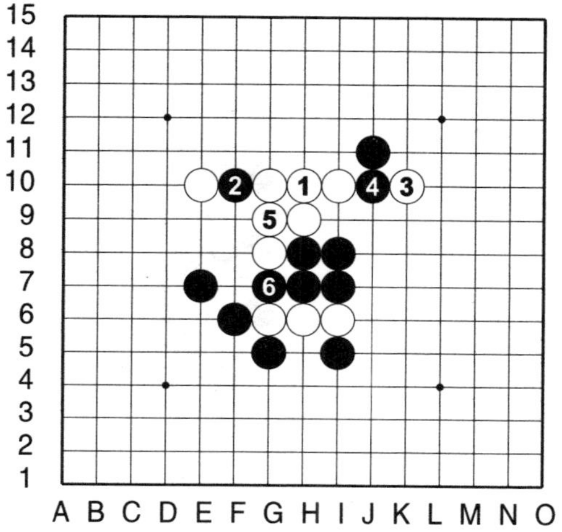

第70题

如图所示，盘面黑方8子、白方7子。白先行，如何以VCF取胜？

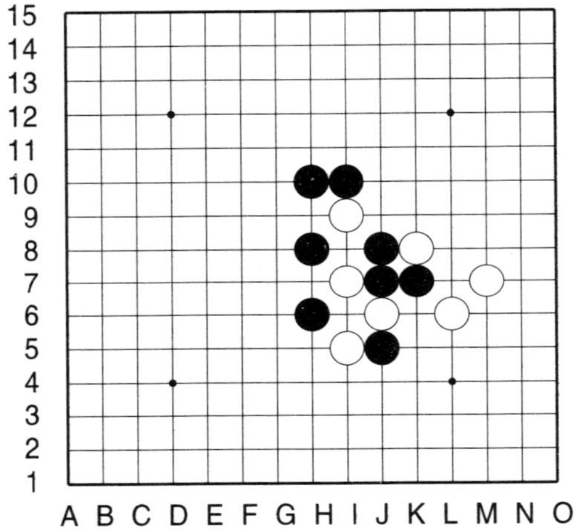

第70题答案

白1冲四，至白5为止，抓黑6三三禁手，白胜。

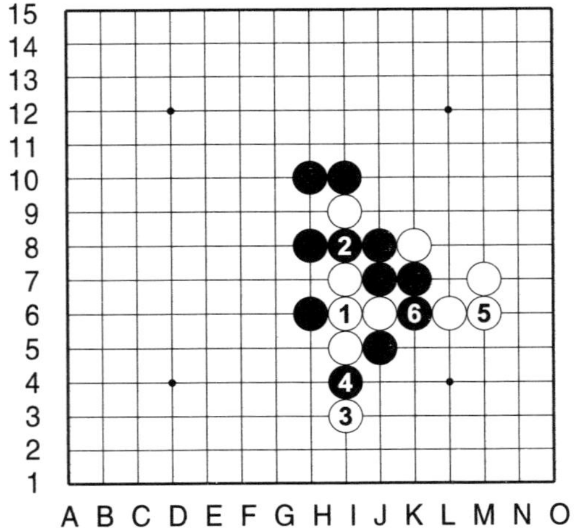

第71题

如图所示，盘面黑方12子、白方11子。白先行，如何以VCF取胜？

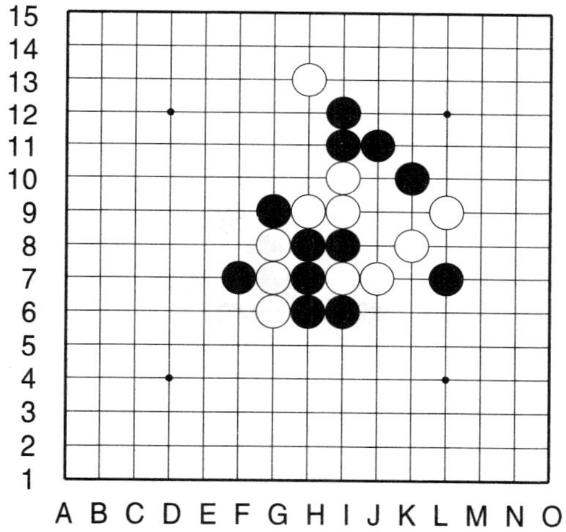

第71题答案

白1冲四，至白5为止，抓黑6三三禁手，白胜。

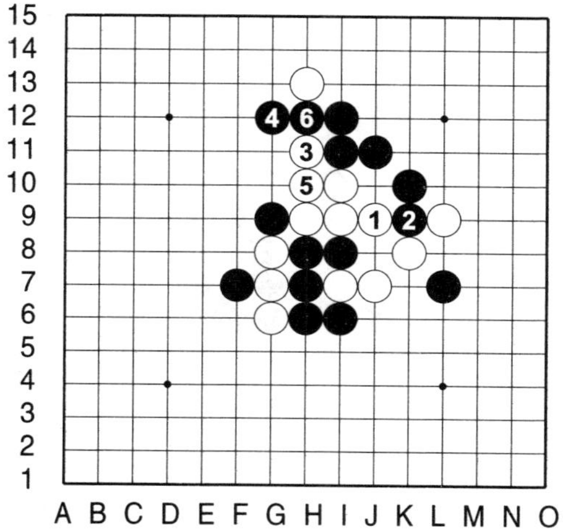

第72题

如图所示，盘面黑方8子、白方7子。白先行，如何以VCF取胜？

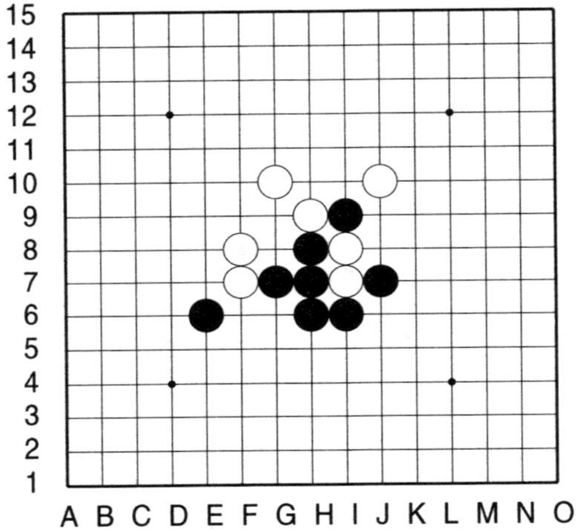

第72题答案

白1冲四，至白5为止，抓黑6四四禁手，白胜。

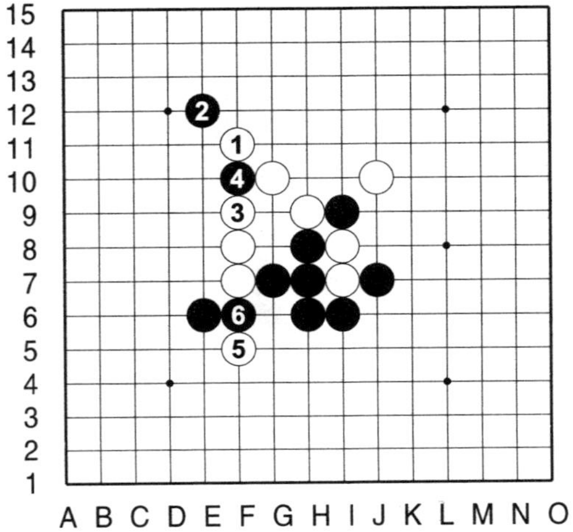

第73题

如图所示，盘面黑方12子、白方11子。白先行，如何以VCF取胜？

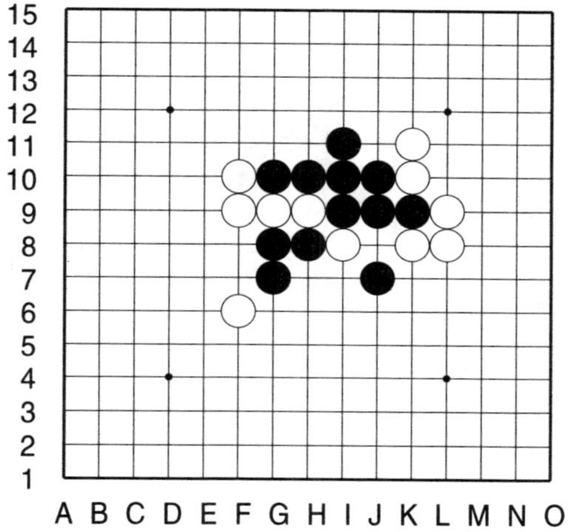

第73题答案

白1冲四，至白5为止，抓黑6四四禁手，白胜。

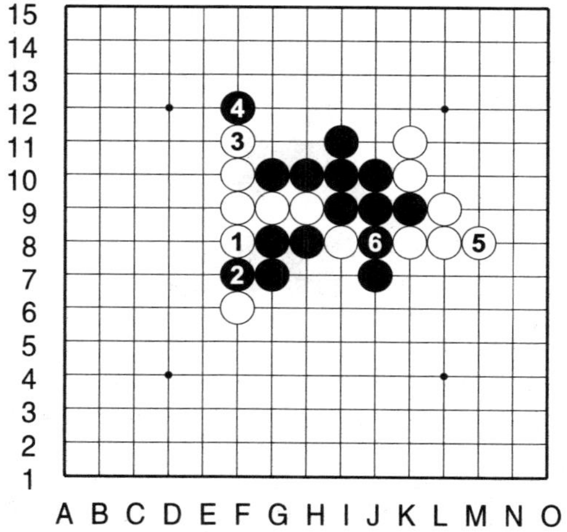

第74题

如图所示，盘面黑方11子、白方10子。白先行，如何以VCF取胜？

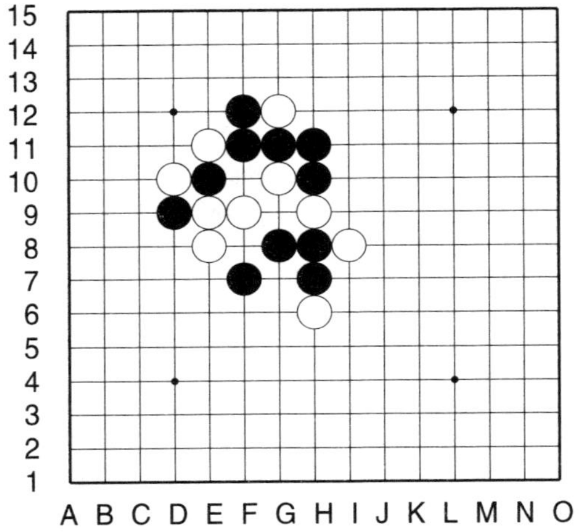

第74题答案

白1冲四，至白5为止，抓黑6四四禁手，白胜。

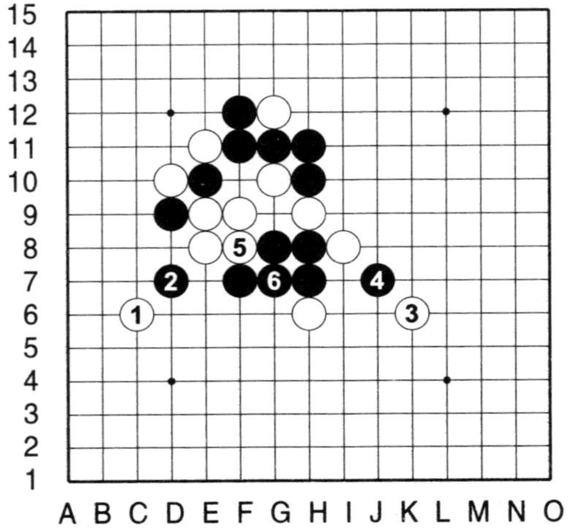

第75题

如图所示，盘面黑方8子、白方7子。白先行，如何以VCF取胜？

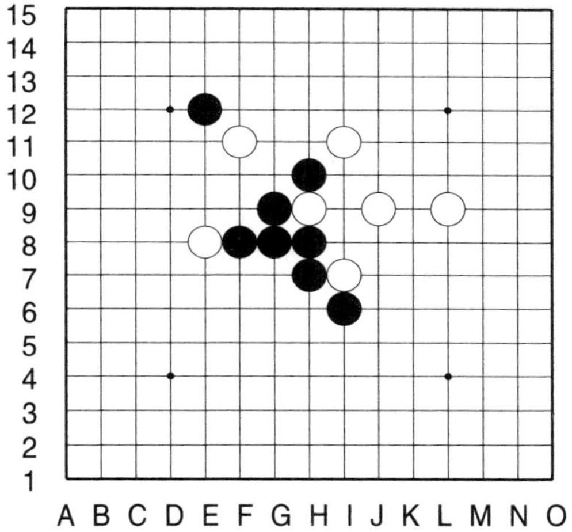

第75题答案

白1冲四，至白5为止，抓黑6三三禁手，白胜。

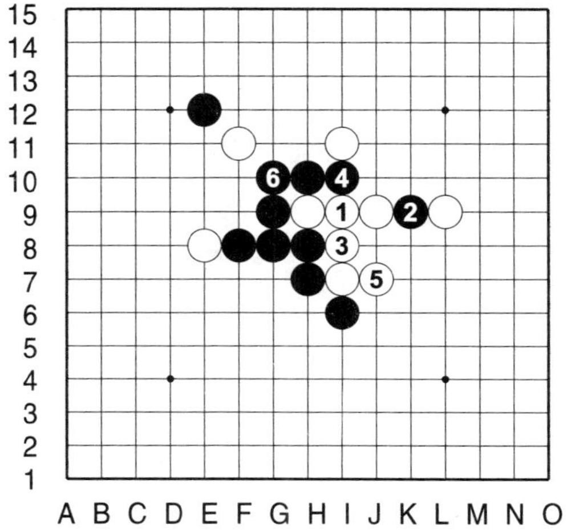

第76题

如图所示，盘面黑方10子、白方9子。白先行，如何以VCF取胜?

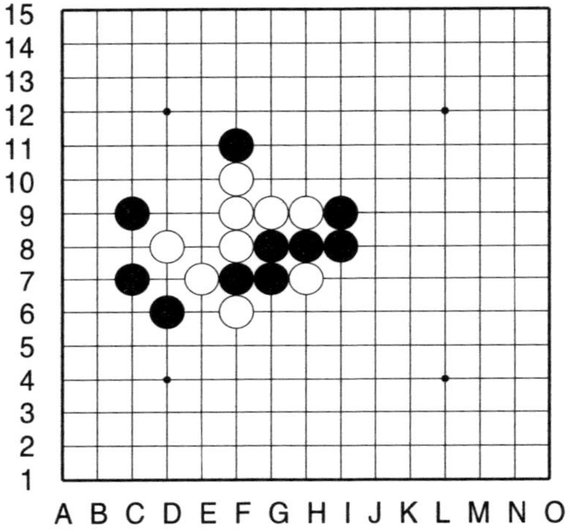

第76题答案

白1冲四，至白5为止，抓黑6三三禁手，白胜。

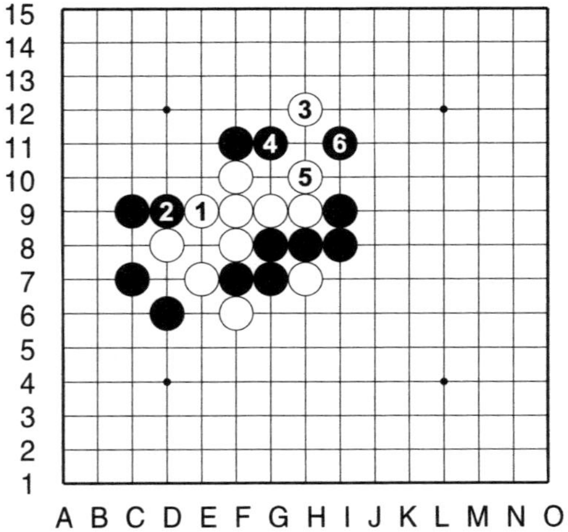

第77题

如图所示，盘面黑方8子、白方7子。白先行，如何以VCF取胜？

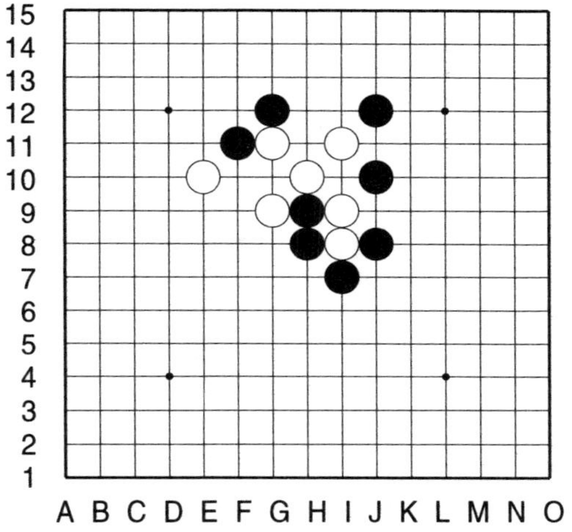

第77题答案

白1冲四，至白7为止，抓黑8四四禁手，白胜。

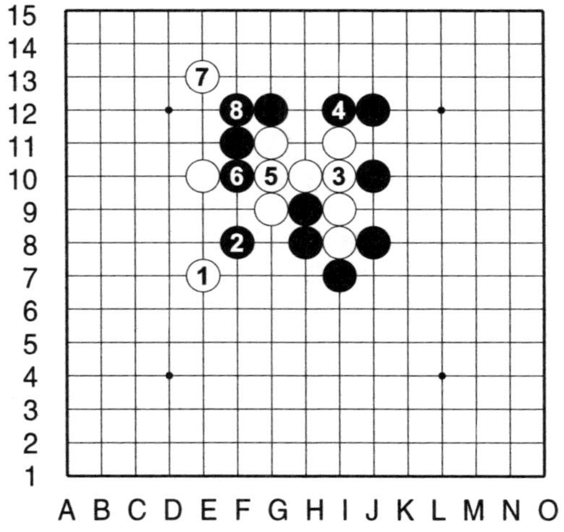

第78题

如图所示，盘面黑方9子、白方8子。白先行，如何以VCF取胜？

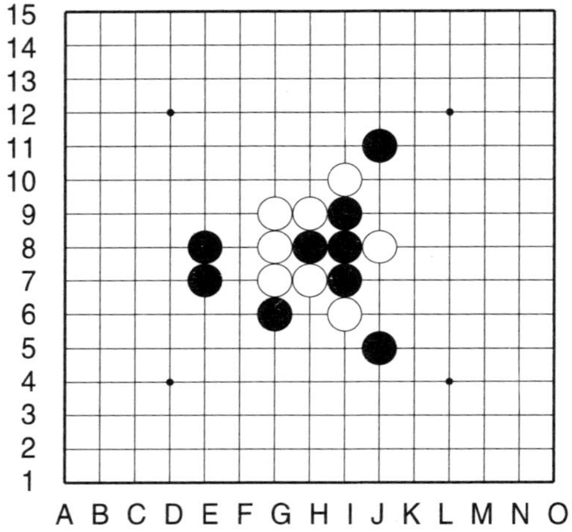

第78题答案

白1冲四，至白7为止，抓黑8三三禁手，白胜。

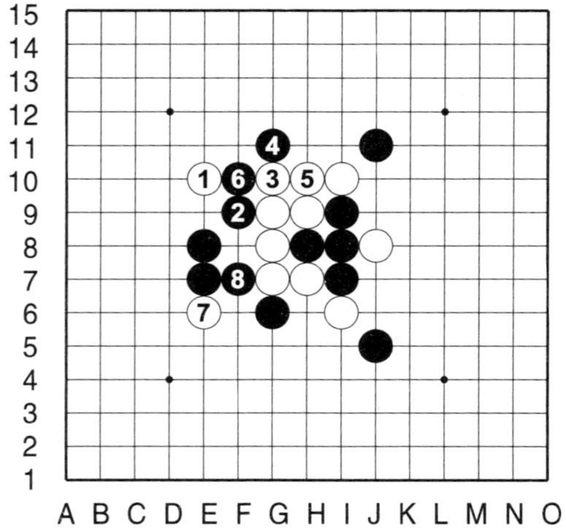

第79题

如图所示，盘面黑方8子、白方7子。白先行，如何以VCF取胜？

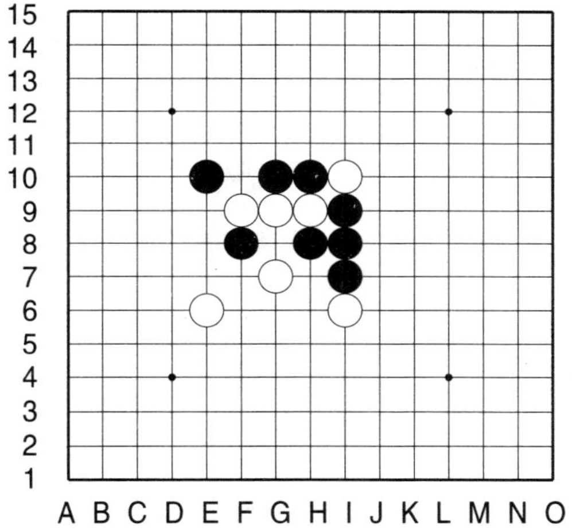

第79题答案

白1冲四，至白7为止，抓黑8三三禁手，白胜。

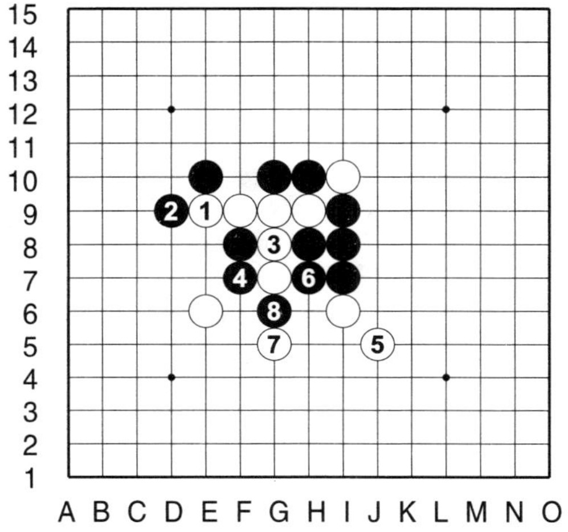

第80题

如图所示，盘面黑方8子、白方7子。白先行，如何以VCF取胜？

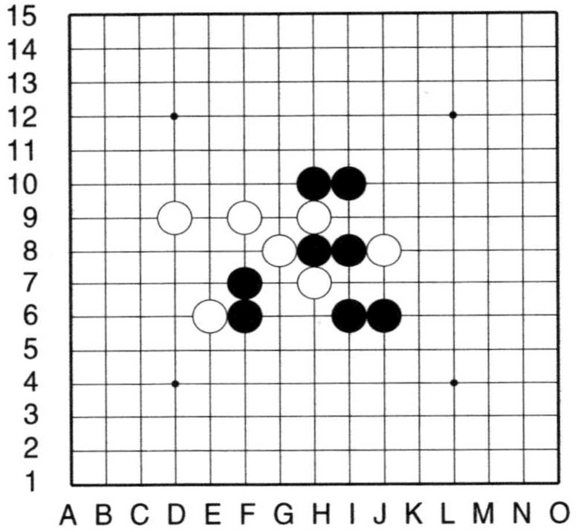

第80题答案

白1冲四，至白7为止，抓黑8三三禁手，白胜。

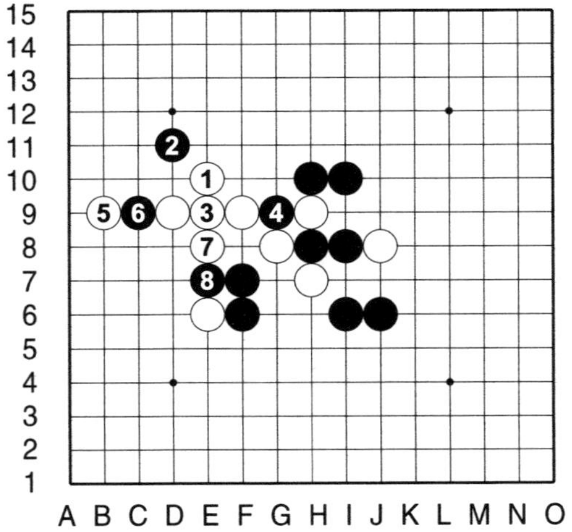

第81题

如图所示，盘面黑方9子、白方8子。白先行，如何以VCF取胜？

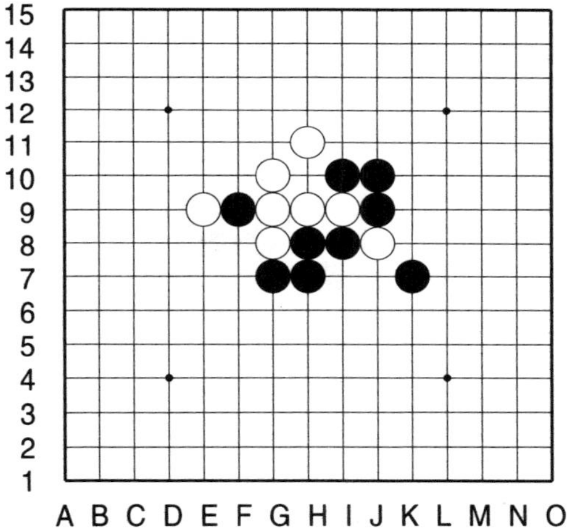

第81题答案

白1冲四，至白7为止形成活四，白胜。

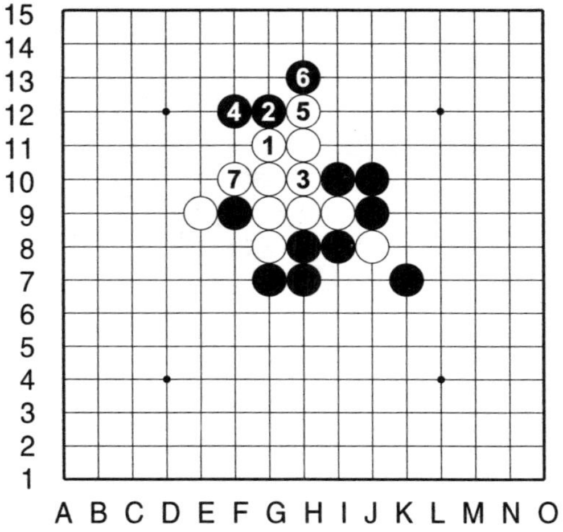

第82题

如图所示，盘面黑方7子、白方6子。白先行，如何以VCF取胜?

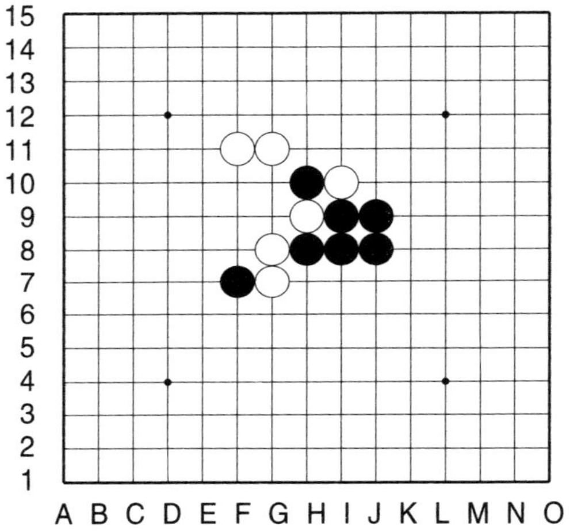

第82题答案

白1冲四，至白7为止，抓黑8三三禁手，白胜。

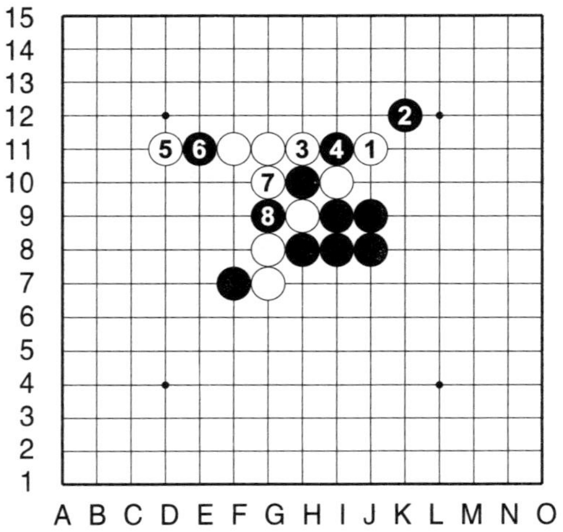

第83题

如图所示，盘面黑方8子、白方7子。白先行，如何以VCF取胜？

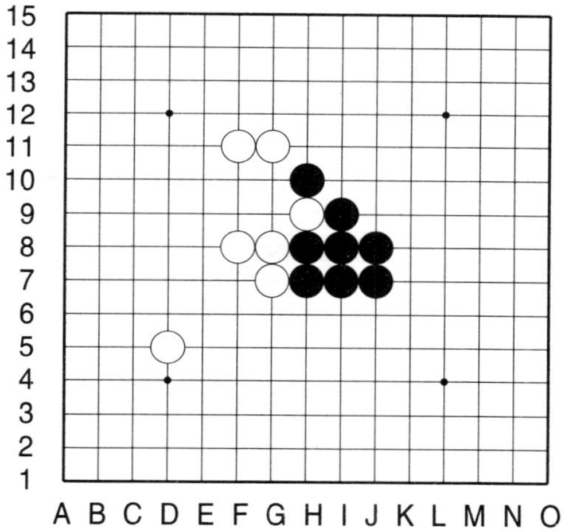

第83题答案

白1冲四，至白7为止，抓黑8四四禁手，白胜。

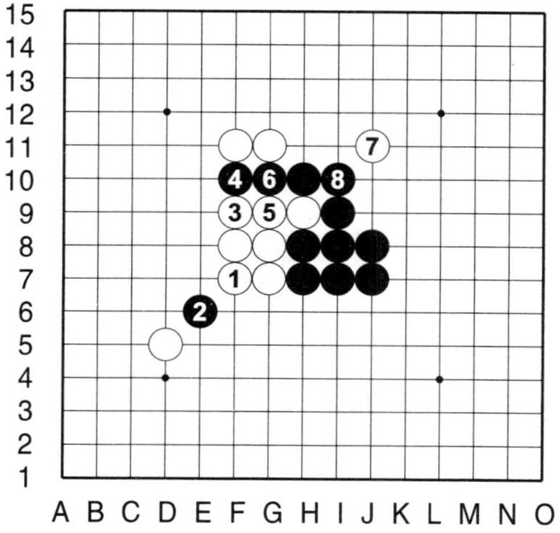

第84题

如图所示，盘面黑方10子、白方9子。白先行，如何以VCF取胜？

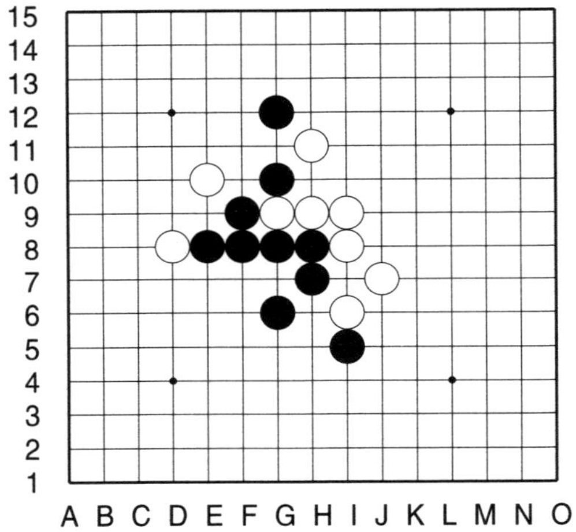

第84题答案

白1冲四，至白7为止形成活四，白胜。

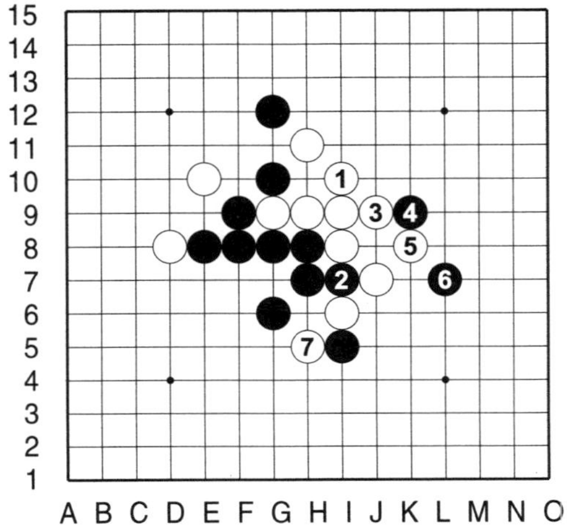

第85题

如图所示，盘面黑方10子、白方9子。白先行，如何以VCF取胜？

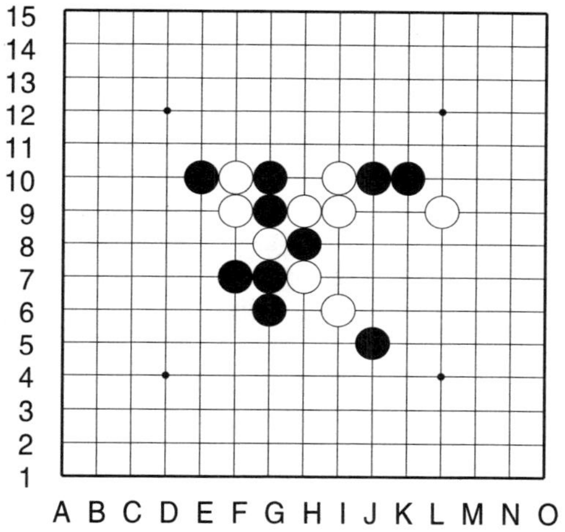

第85题答案

白1冲四，至白7为止，抓黑8三三禁手，白胜。

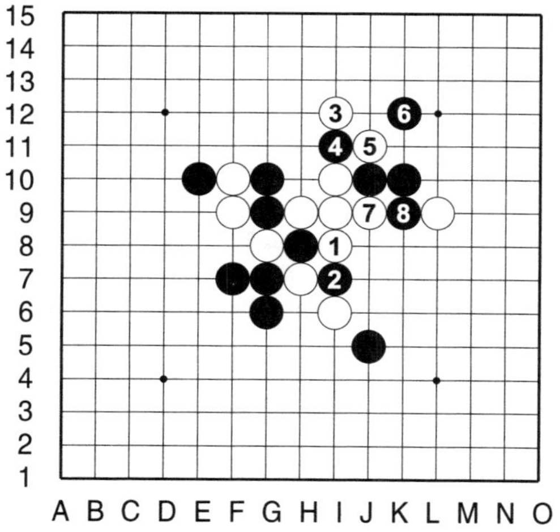

第86题

如图所示，盘面黑方8子、白方7子。白先行，如何以VCF取胜？

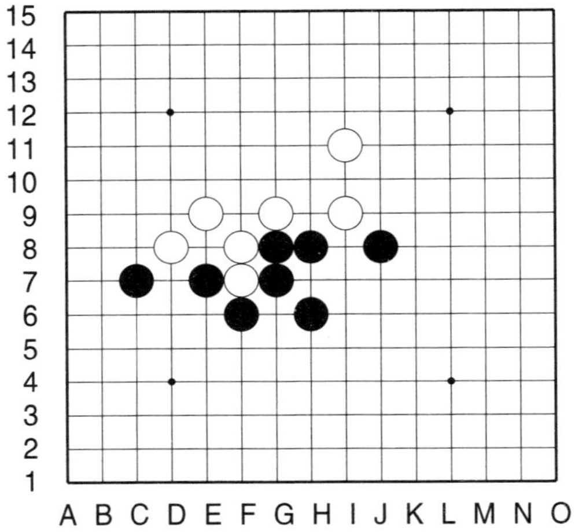

第86题答案

白1冲四，至白7为止，抓黑8四四禁手，白胜。

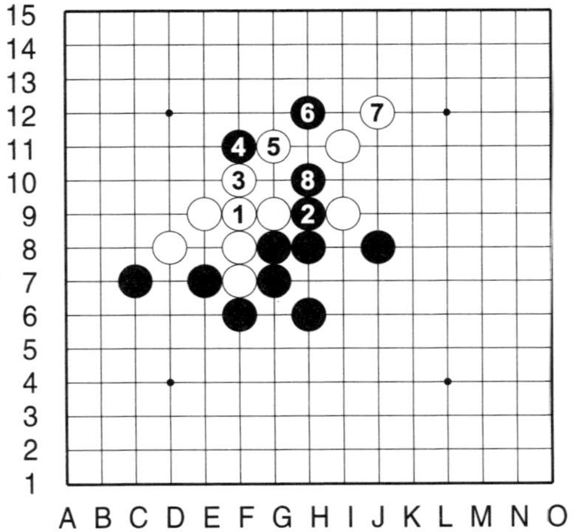

第87题

如图所示，盘面黑方10子、白方9子。白先行，如何以VCF取胜？

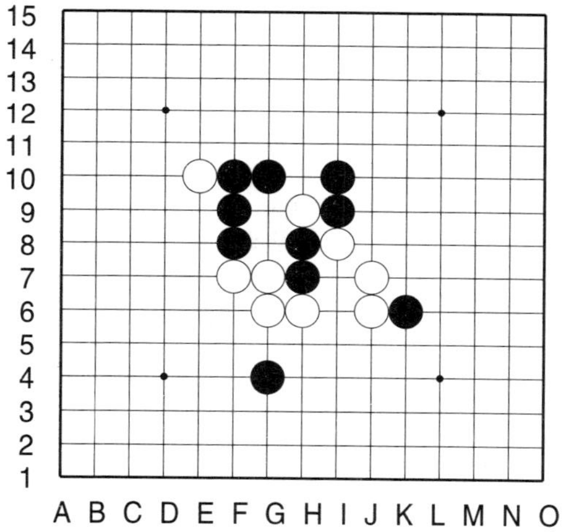

第87题答案

白1冲四，至白7为止，抓黑8三三禁手，白胜。

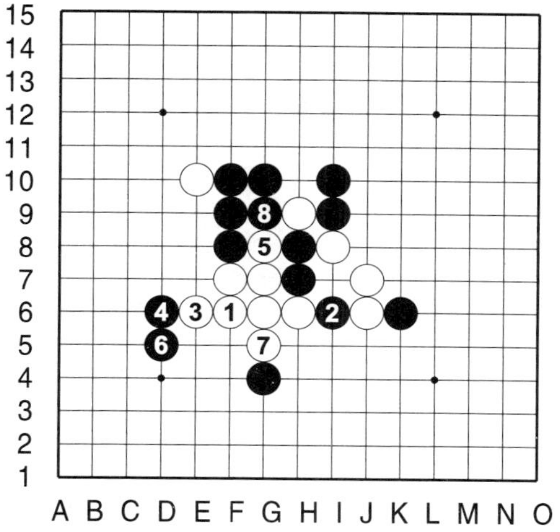

第88题

如图所示，盘面黑方8子、白方7子。白先行，如何以VCF取胜？

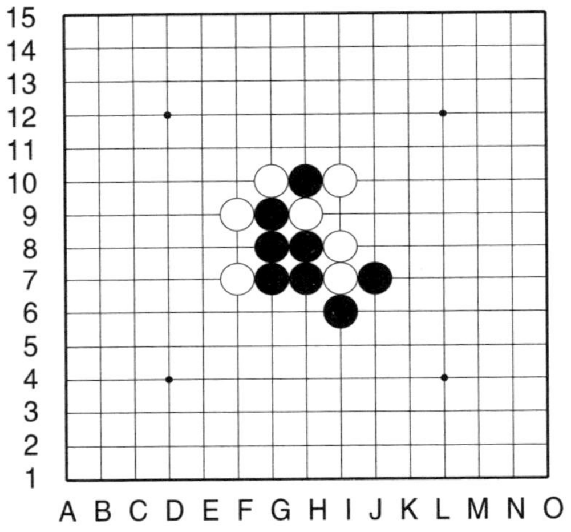

第88题答案

白1冲四，至白7为止，抓黑8三三禁手，白胜。

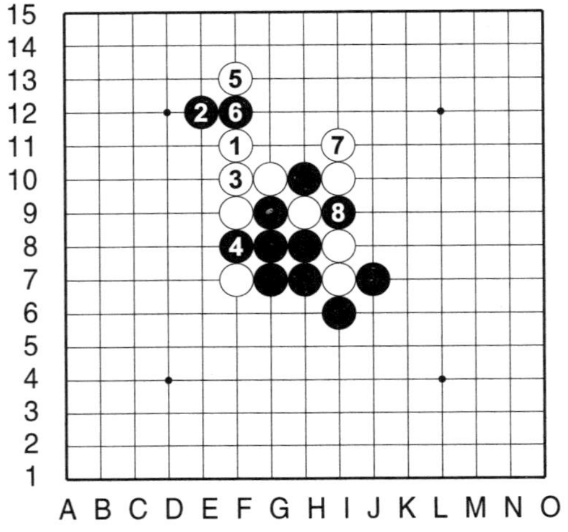

第89题

如图所示，盘面黑方7子、白方6子。白先行，如何以VCF取胜？

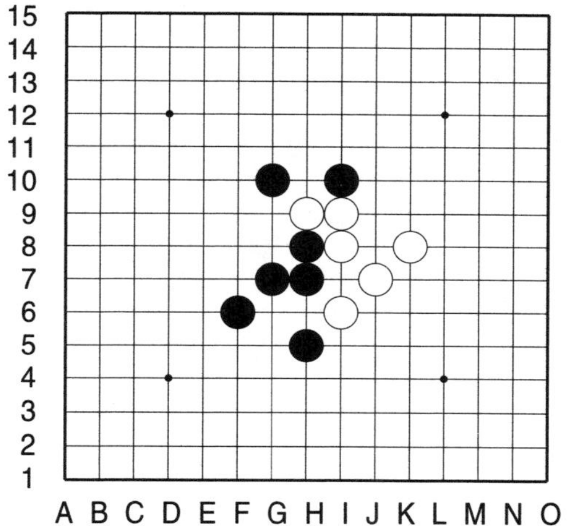

第89题答案

白1冲四，至白7为止，抓黑8三三禁手，白胜。

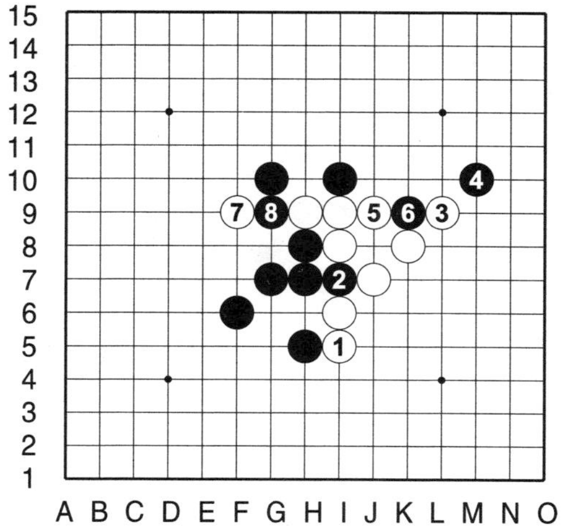

第90题

如图所示，盘面黑方13子、白方12子。白先行，如何以VCF取胜?

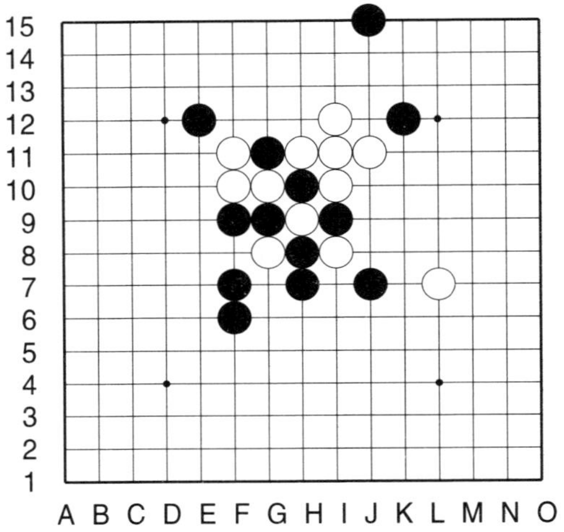

第90题答案

白1冲四，至白7为止，抓黑8四四禁手，白胜。

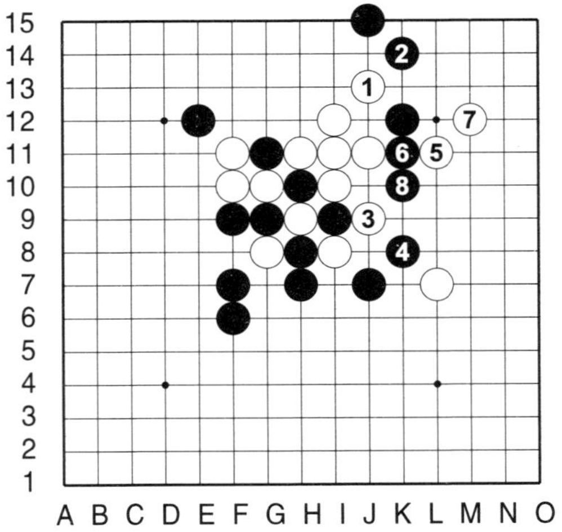

第91题

如图所示，盘面黑方8子、白方7子。白先行，如何以VCF取胜？

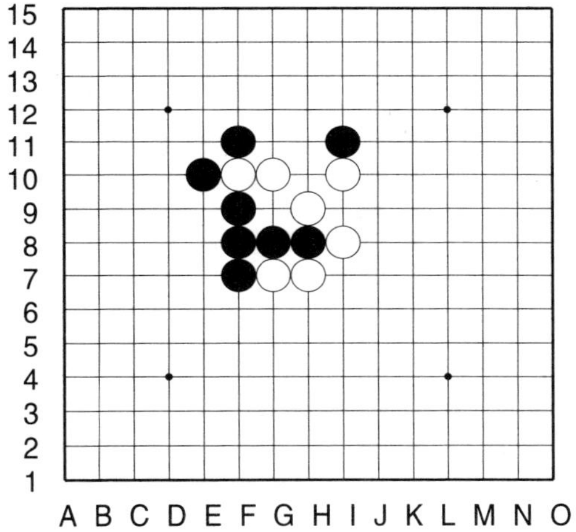

第91题答案

白1冲四，至白7为止，抓黑8三三禁手，白胜。

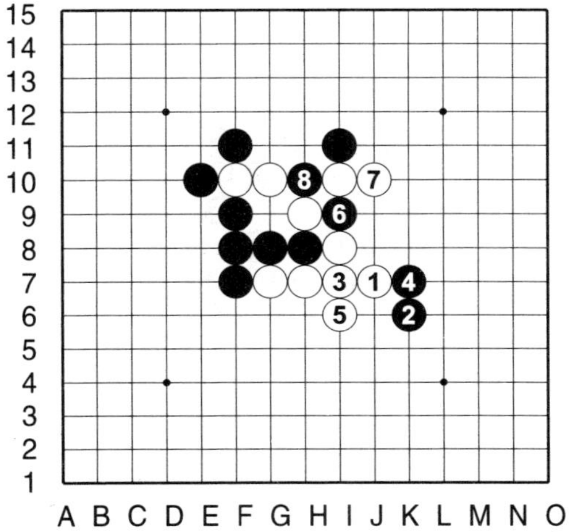

第92题

如图所示，盘面黑方11子、白方10子。白先行，如何以VCF取胜？

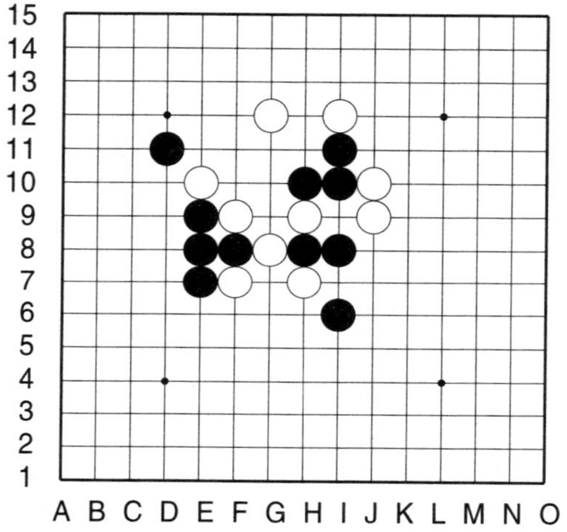

第92题答案

白1冲四，至白7为止，抓黑8长连禁手，白胜。

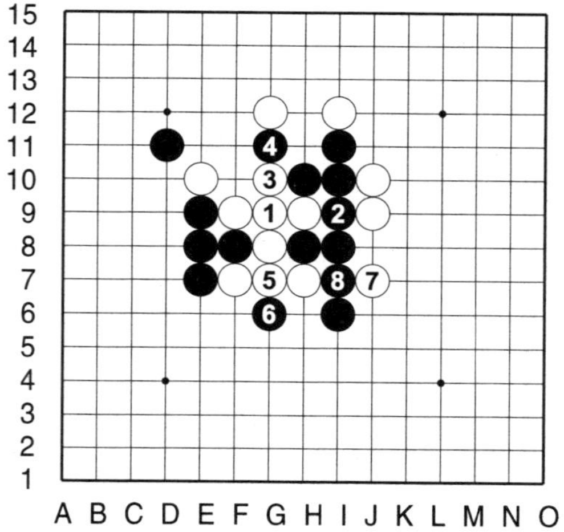

第93题

如图所示，盘面黑方16子、白方15子。白先行，如何以VCF取胜？

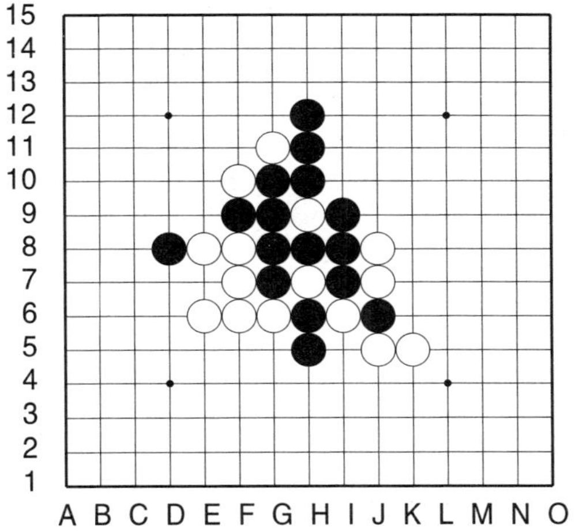

第93题答案

白1冲四，至白9为止，抓黑10三三禁手，白胜。

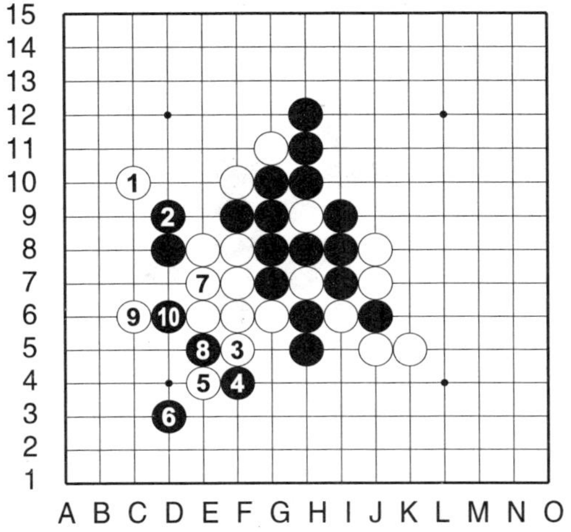

第94题

如图所示，盘面黑方9子、白方8子。白先行，如何以VCF取胜？

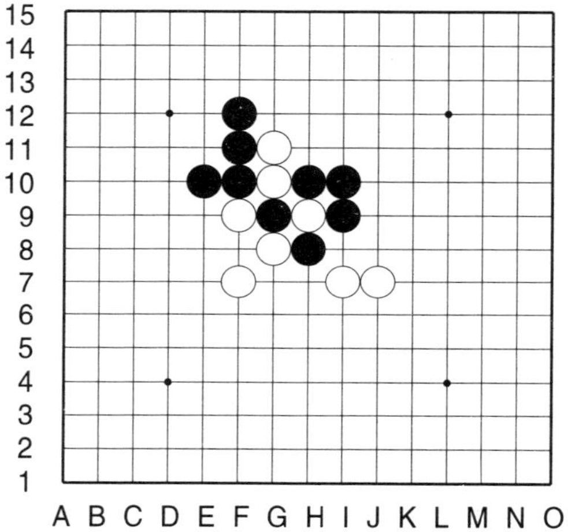

第94题答案

白1冲四，至白9为止形成活四，白方胜定。

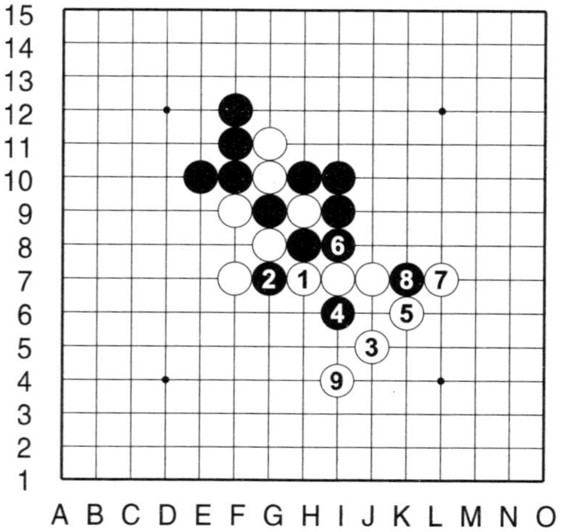

第95题

如图所示，盘面黑方9子、白方8子。白先行，如何以VCF取胜？

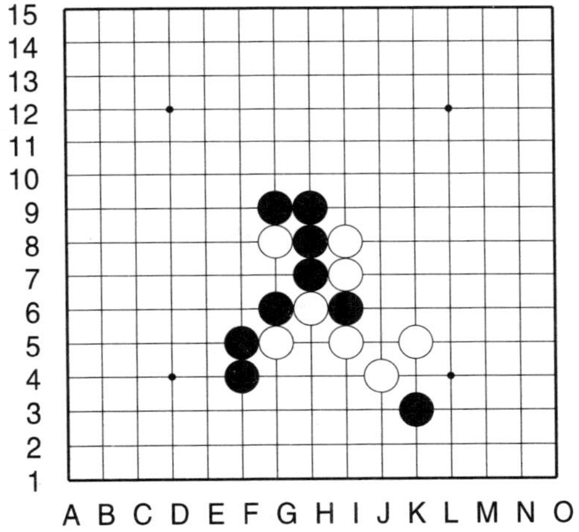

第95题答案

白1冲四，至白9为止，抓黑10三三禁手，白胜。

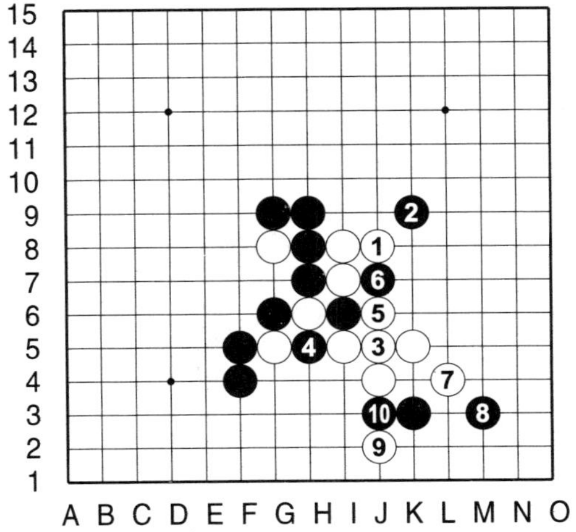

第96题

如图所示，盘面黑方11子、白方10子。白先行，如何以VCF取胜？

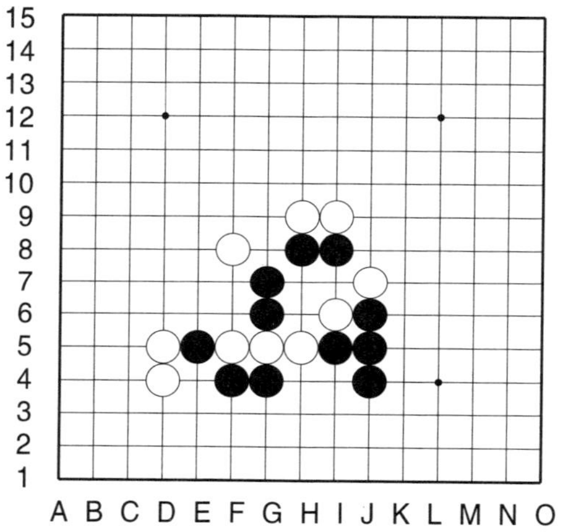

第96题答案

白1冲四，至白9为止，抓黑10四四禁手，白胜。

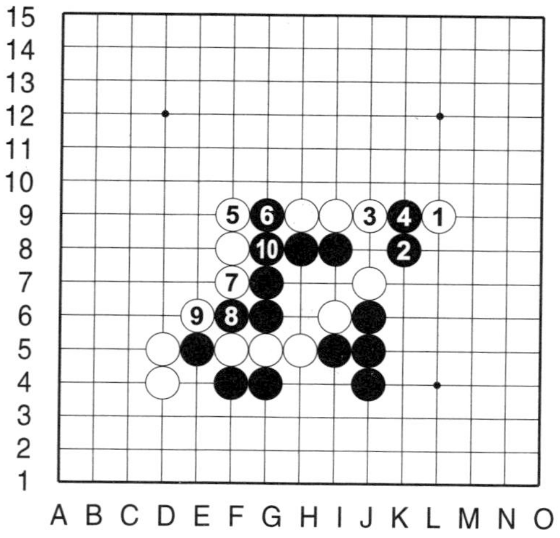

第97题

如图所示，盘面黑方10子、白方9子。白先行，如何以VCF取胜？

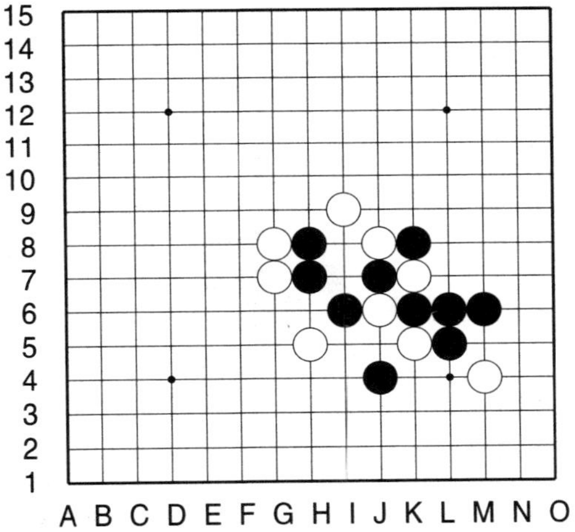

第97题答案

白1冲四，至白9为止形成活四，白方胜定。

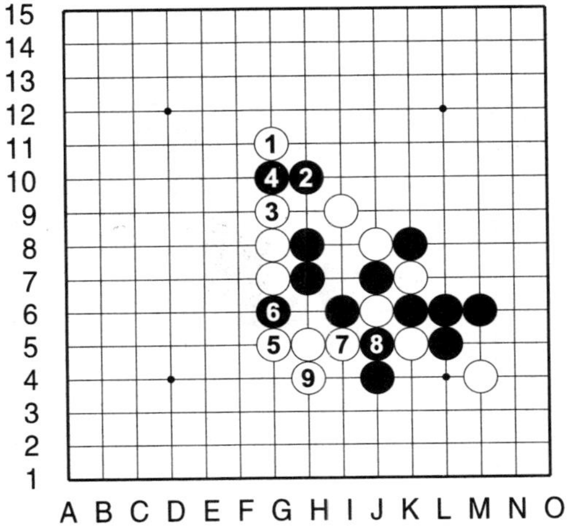

第98题

如图所示，盘面黑方9子、白方8子。白先行，如何以VCF取胜？

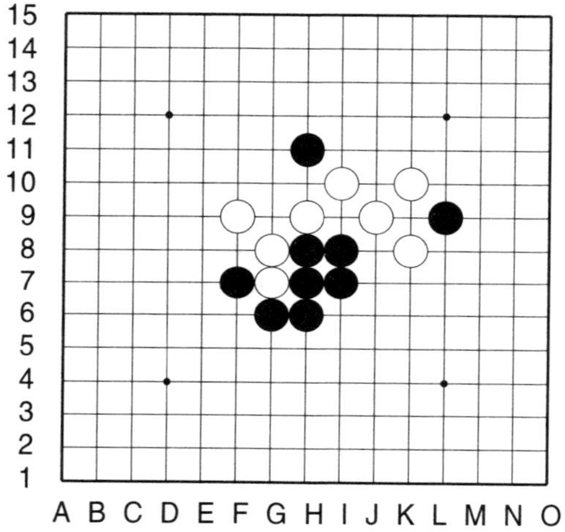

第98题答案

白1冲四，至白9为止，抓黑10四四禁手，白胜。

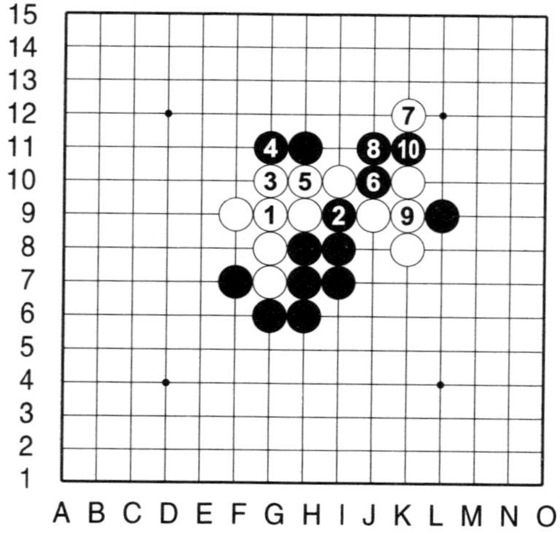

第99题

如图所示，盘面黑方13子、白方12子。白先行，如何以VCF取胜？

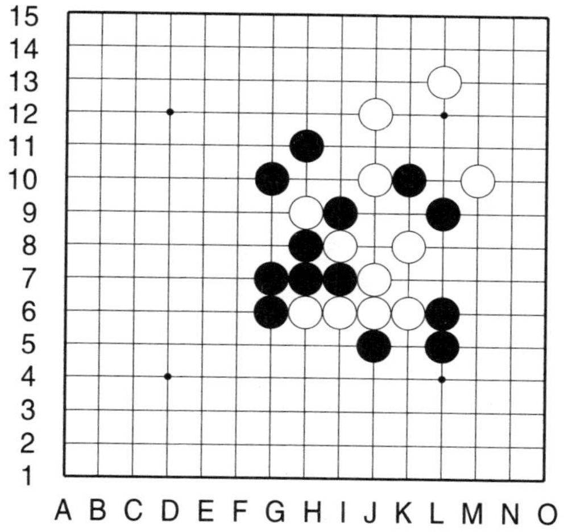

第99题答案

白1冲四，至白9为止，抓黑10四四禁手，白胜。

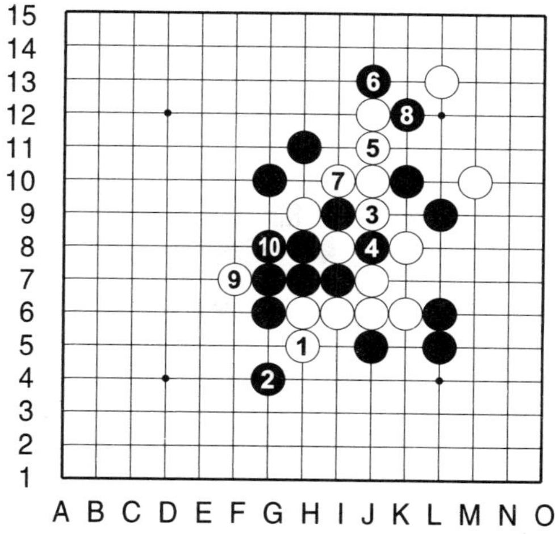

第100题

如图所示，盘面黑方9子、白方8子。白先行，如何以VCF取胜？

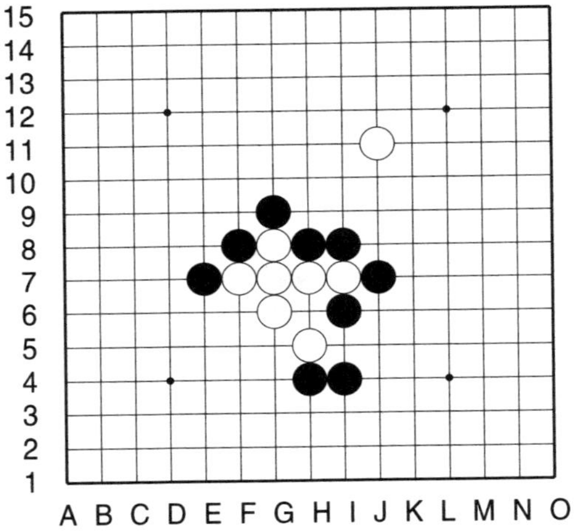

第100题答案

白1冲四，至白9为止，抓黑10四四禁手，白胜。

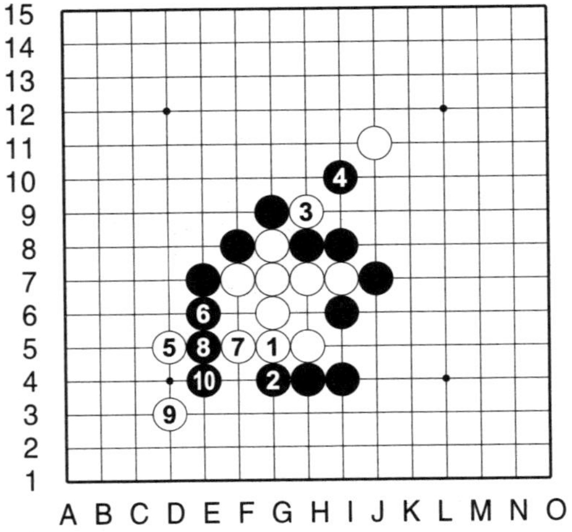

第三节 百家姓VCF字谜题解（101～200题）

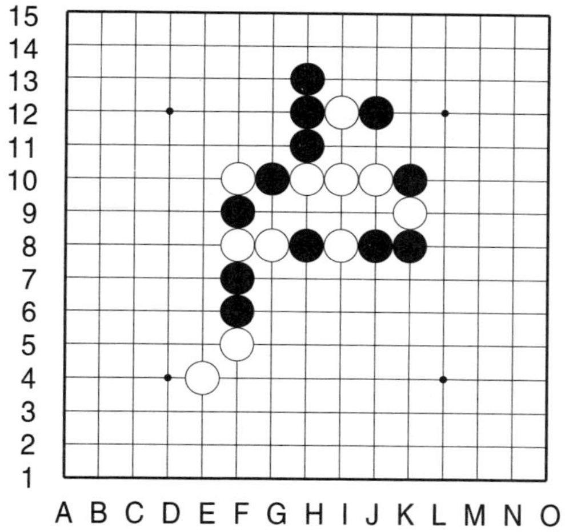

第101题

如图所示，本局题名为百家姓之“卢”姓，盘面黑方12子、白方11子。白先行，如何以VCF取胜？

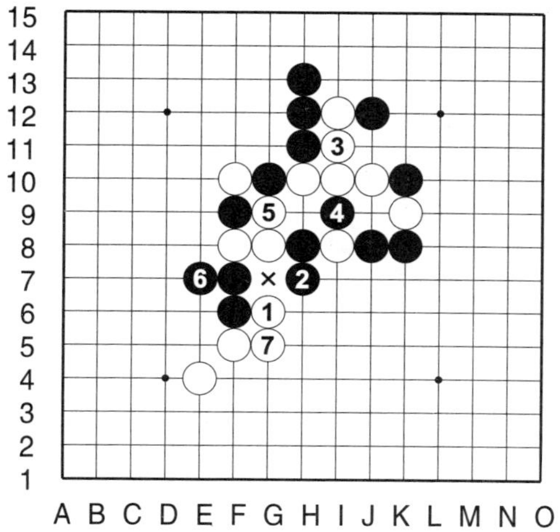

第101题答案

白1冲四，直至白7为止，迫使黑8于G7点形成四四禁手，白胜。

第102题

如图所示，本局题名为百家姓之“于”姓，盘面黑方10子、白方9子。白先行，如何以VCF取胜？

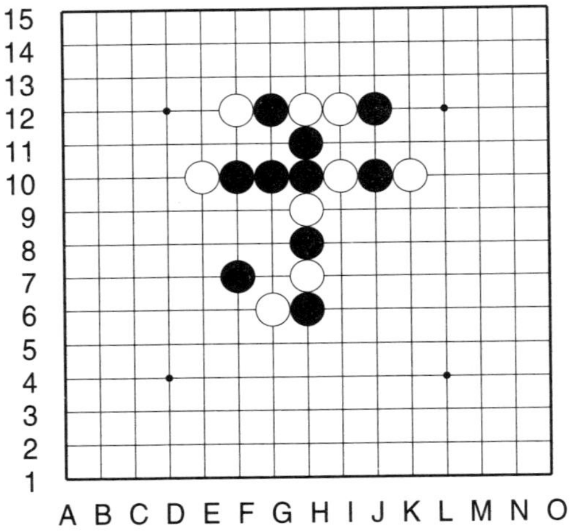

第102题答案

白1冲四，直至白9为止，迫使黑10于G9点形成四四禁手，白胜。

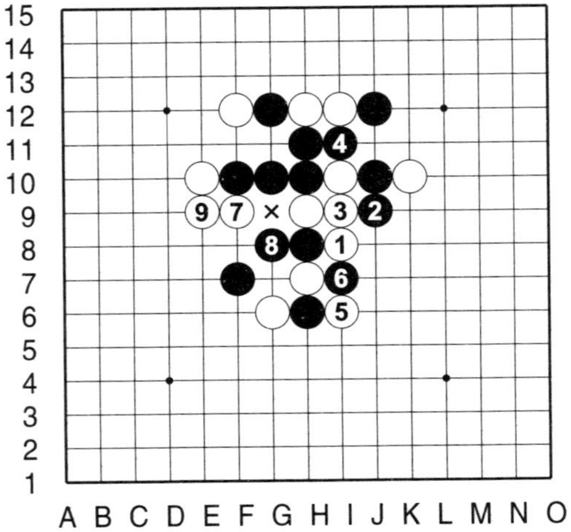

第103题

如图所示，本局题名为百家姓之“左”姓，盘面黑方12子、白方11子。白先行，如何以VCF取胜？

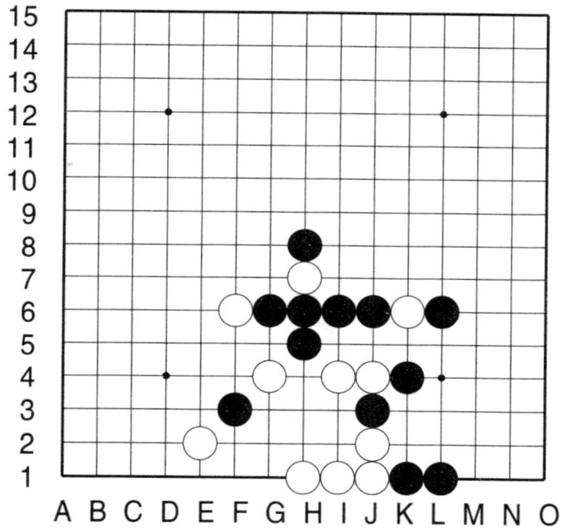

第103题答案

白1冲四，直至白9为止，迫使黑10于F5点形成四四禁手，白胜。

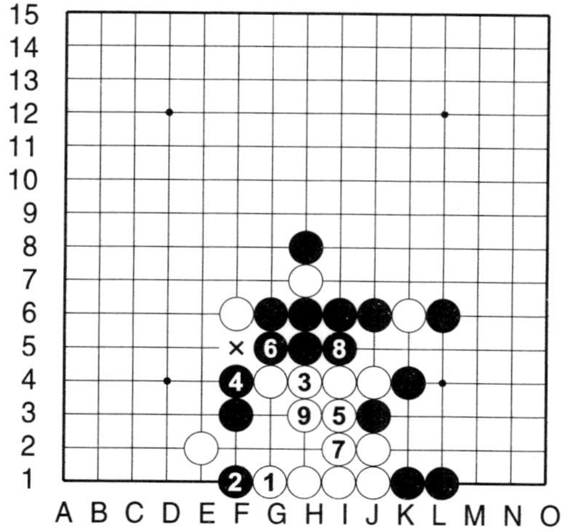

第104题

如图所示，本局题名为百家姓之“公”姓，盘面黑方10子、白方9子。白先行，如何以VCF取胜？

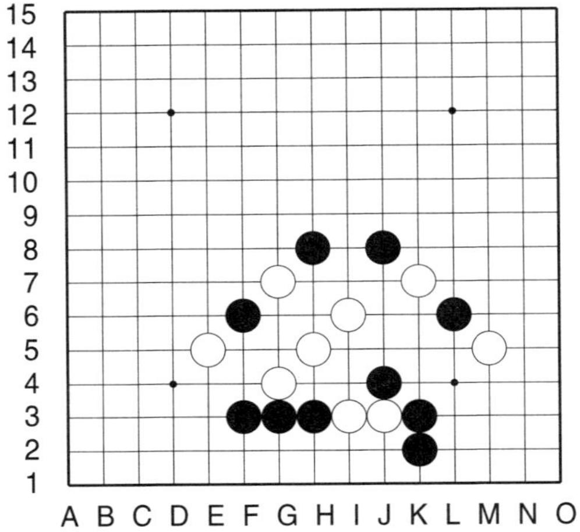

第104题答案

白1冲四，直至白11为止，迫使黑12于I8点形成四四禁手，白胜。

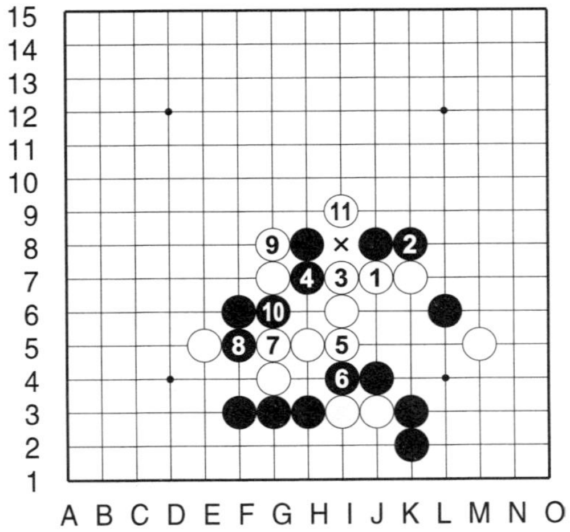

第105题

如图所示，本局题名为百家姓之“尤”姓，盘面黑方11子、白方10子。白先行，如何以VCF取胜？

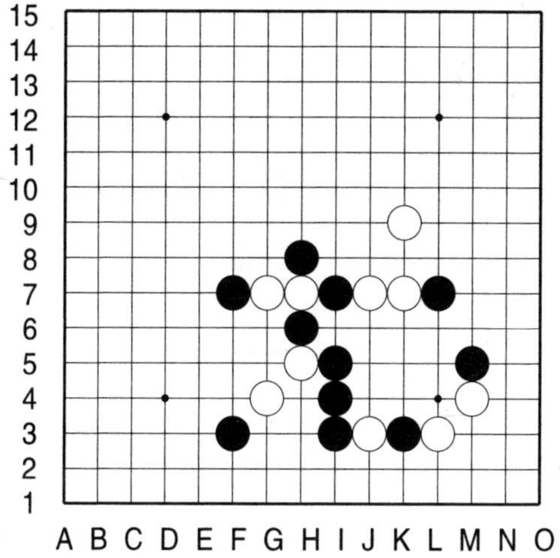

第105题答案

白1冲四，直至白11为止，迫使黑12于G5点形成三三禁手，白胜。

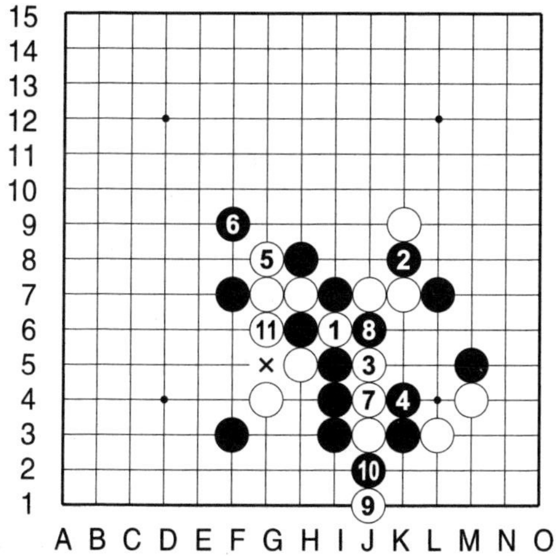

第106题

如图所示，本局题名为百家姓之“白”姓，盘面黑方12子、白方11子。白先行，如何以VCF取胜？

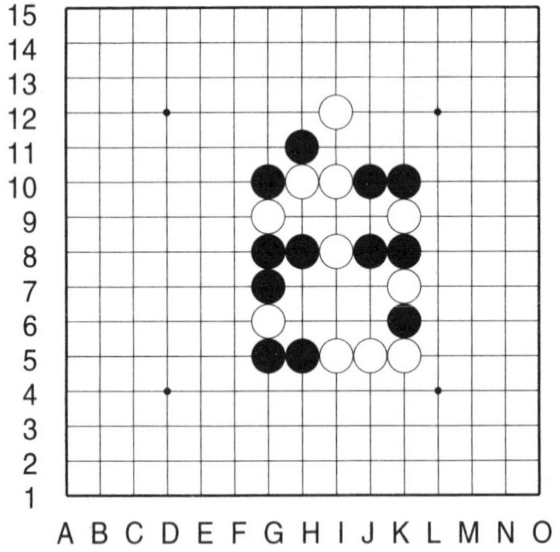

第106题答案

白1冲四，直至白11为止，迫使黑12于H6点形成四四禁手，白胜。

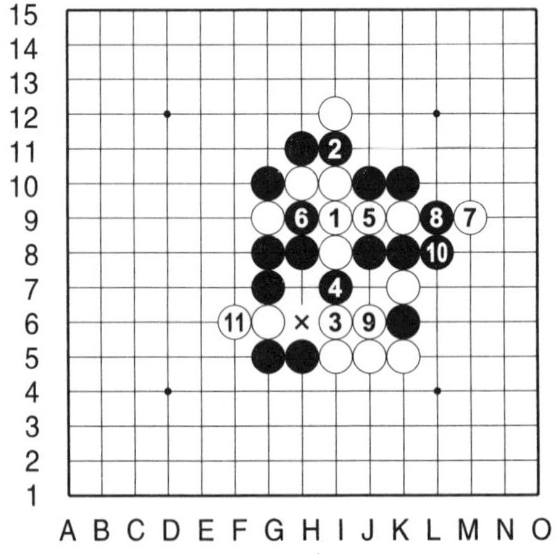

第107题

如图所示，本局题名为百家姓之“古”姓，盘面黑方13子、白方12子。白先行，如何以VCF取胜？

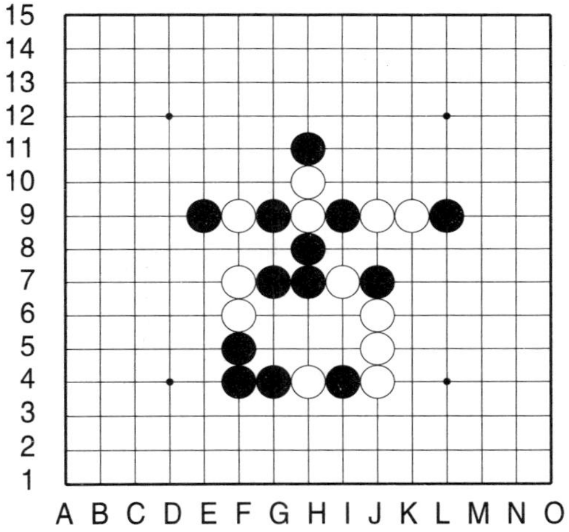

第107题答案

白1冲四，直至白11为止，迫使黑12于E6点形成三三禁手，白胜。

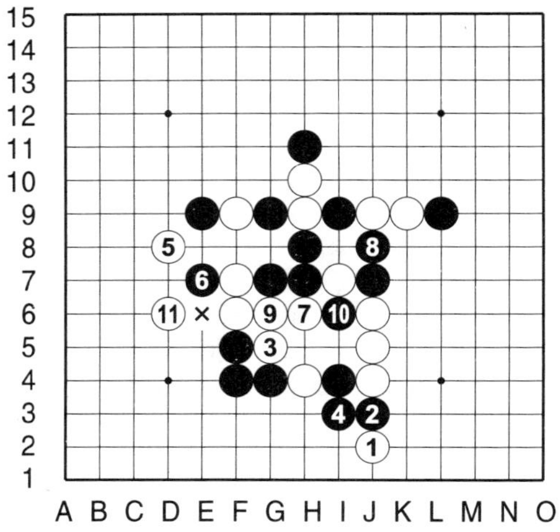

第108题

如图所示，本局题名为百家姓之“元”姓，盘面黑方13子、白方12子。白先行，如何以VCF取胜？

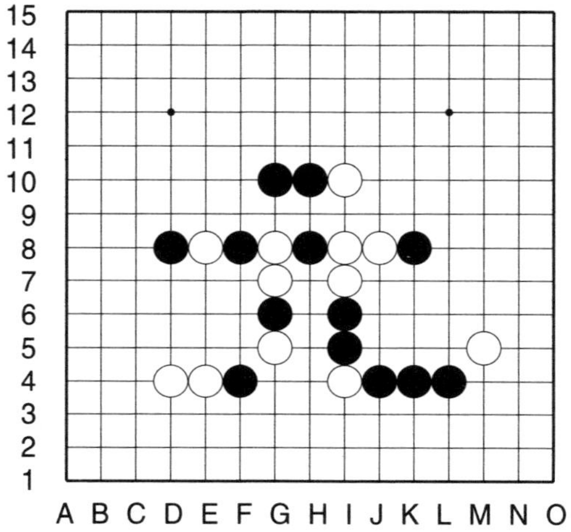

第108题答案

白1冲四，直至白11为止，迫使黑12于F6点形成四四禁手，白胜。

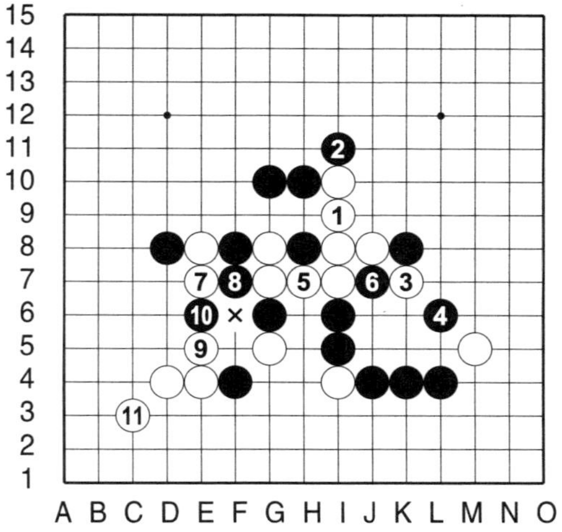

第109题

如图所示，本局题名为百家姓之“井”姓，盘面黑方16子、白方15子。白先行，如何以VCF取胜？

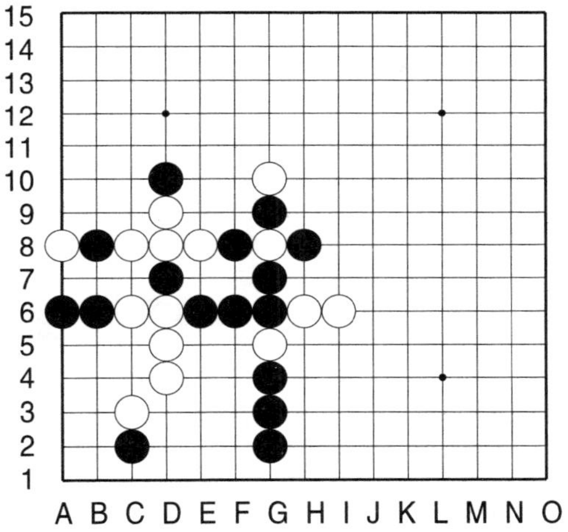

第109题答案

白1冲四，直至白11为止，迫使黑12于I7点形成三三禁手，白胜。

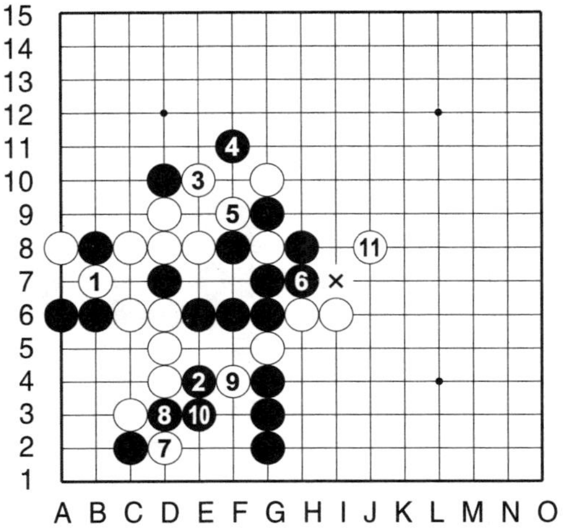

第110题

如图所示，本局题名为百家姓之“田”姓，盘面黑方17子、白方16子。白先行，如何以VCF取胜？

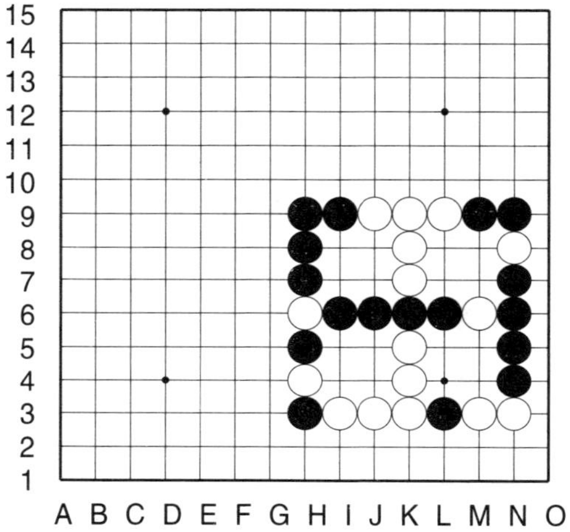

第110题答案

白1冲四，直至白11为止，迫使黑12于L7点形成四四禁手，白胜。

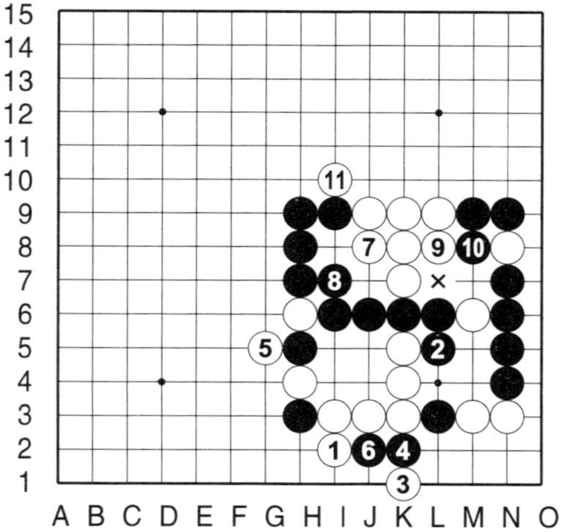

第111题

如图所示，本局题名为百家姓之“卞”姓，盘面黑方10子、白方9子。白先行，如何以VCF取胜？

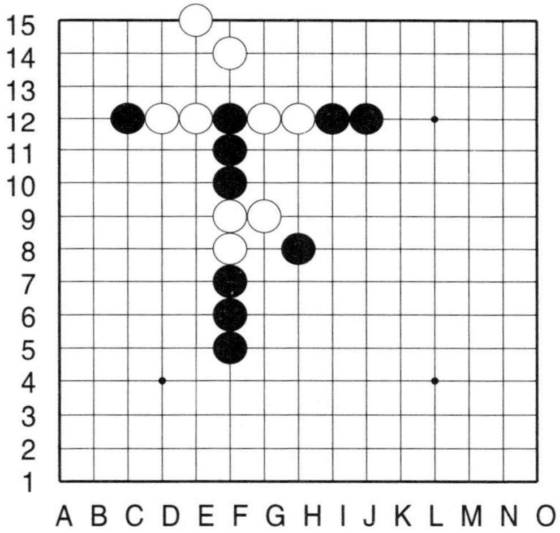

第111题答案

白1冲四，直至白13形成活四为止，白胜。

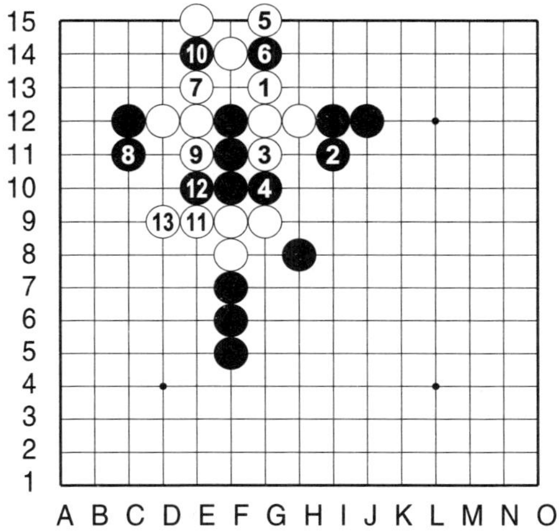

第112题

如图所示，本局题名为百家姓之“刁”姓，盘面黑方10子、白方9子。白先行，如何以VCF取胜？

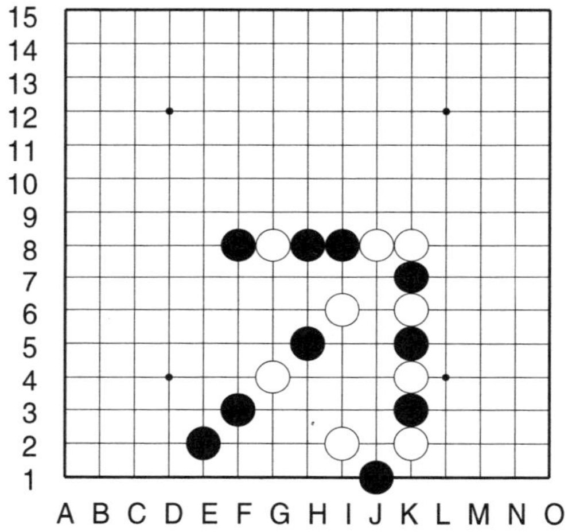

第112题答案

白1冲四，直至白13为止，迫使黑14于I3点形成四四禁手，白胜。

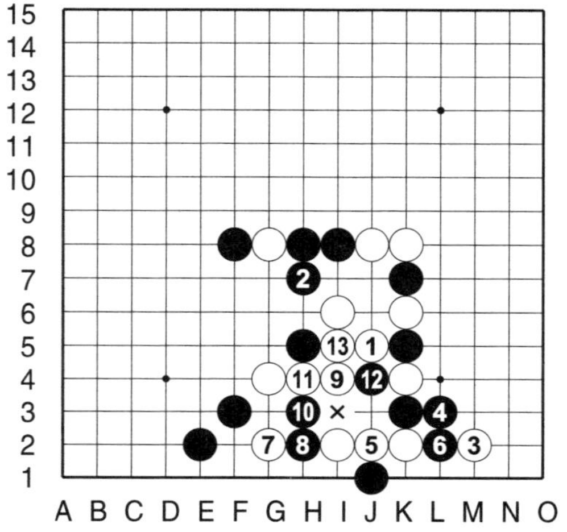

第113题

如图所示，本局题名为百家姓之“云”姓，盘面黑方12子、白方11子。白先行，如何以VCF取胜？

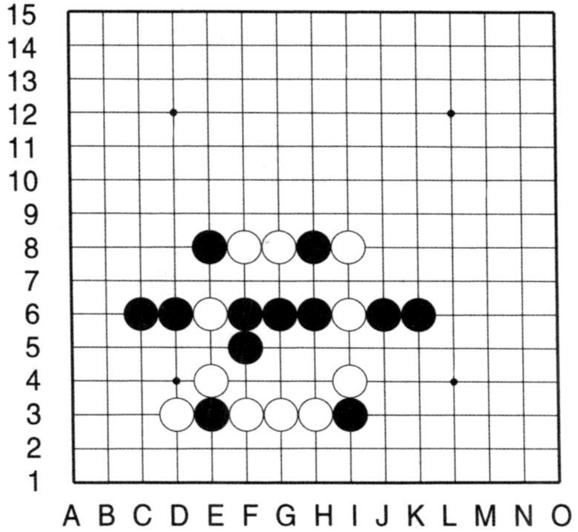

第113题答案

白1冲四，直至白13形成活四为止，白胜。

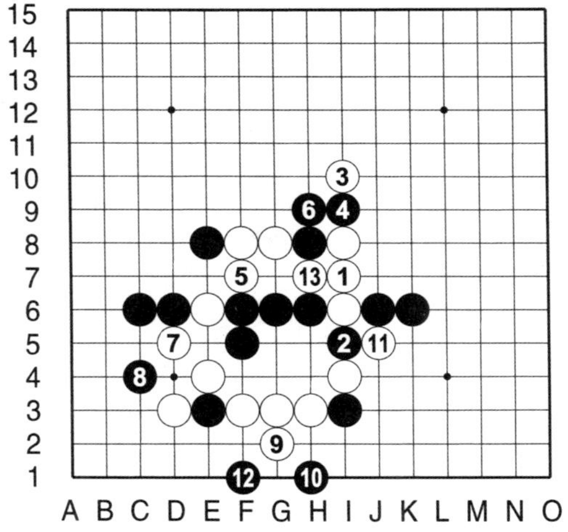

第114题

如图所示，本局题名为百家姓之“甘”姓，盘面黑方13子、白方12子。白先行，如何以VCF取胜?

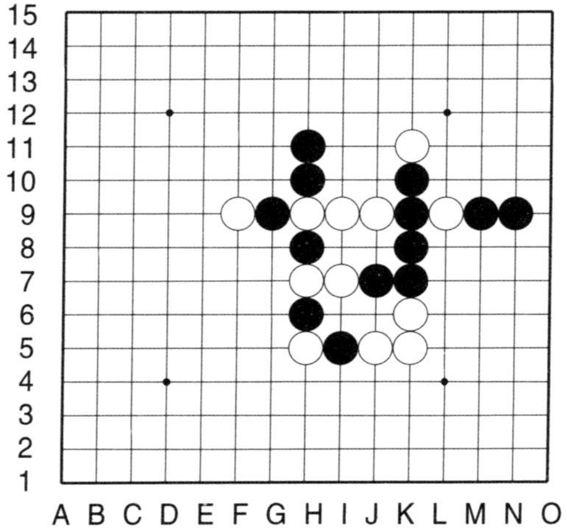

第114题答案

白1冲四，直至白13形成活四为止，白胜。

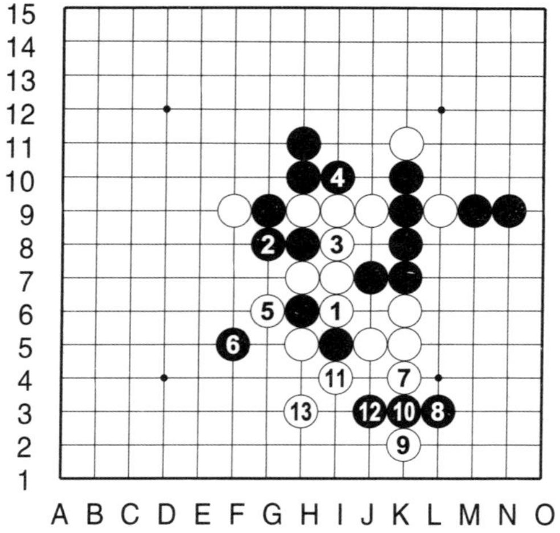

第115题

如图所示，本局题名为百家姓之“王”姓，双方各13子。黑先行，如何以VCF取胜？

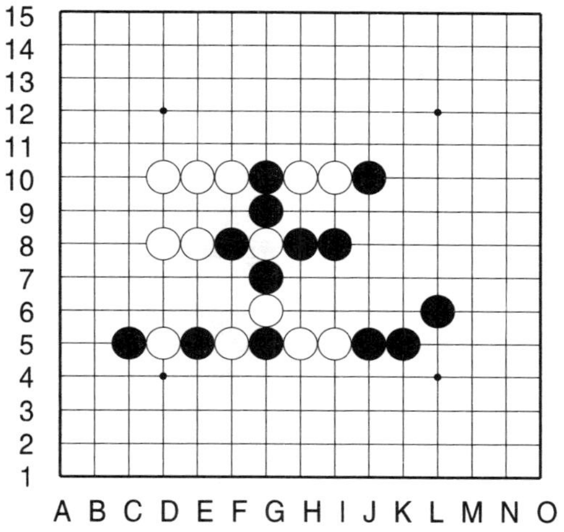

第115题答案

黑1冲四，直至黑13为止形成活四，黑胜。

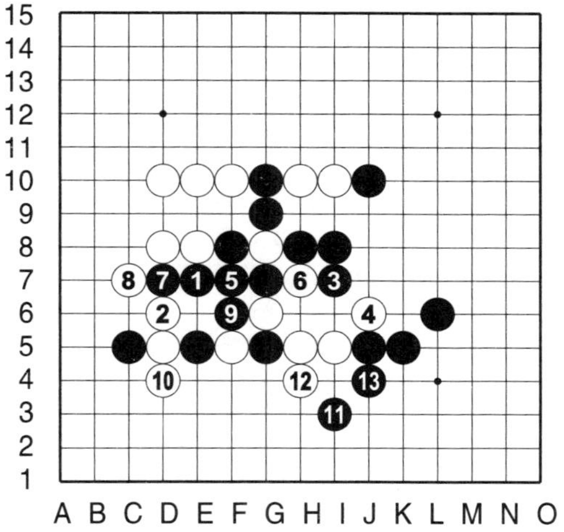

第116题

如图所示，本局题名为百家姓之“毛”姓，盘面黑方14子、白方13子。白先行，如何以VCF取胜？

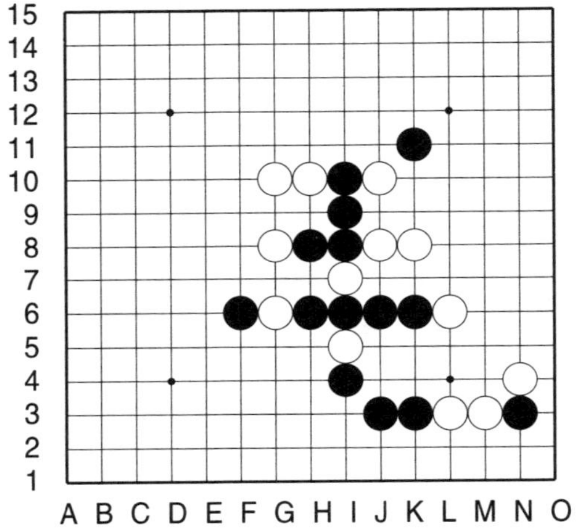

第116题答案

白1冲四，直至白13为止，迫使黑14于M6点形成三三禁手，白胜。

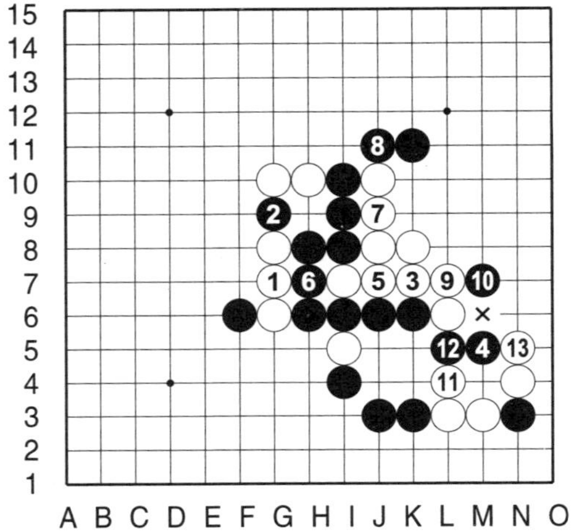

第117题

如图所示，本局题名为百家姓之“宋”姓，盘面黑方18子、白方17子。白先行，如何以VCF取胜？

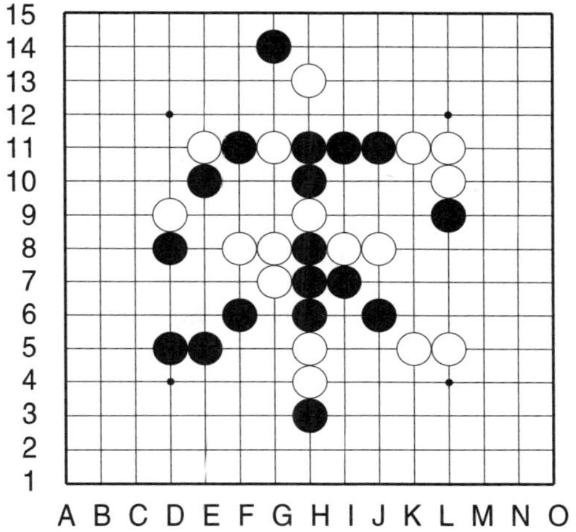

第117题答案

白1冲四，直至白13为止，迫使黑14于I10点形成四四禁手，白胜。

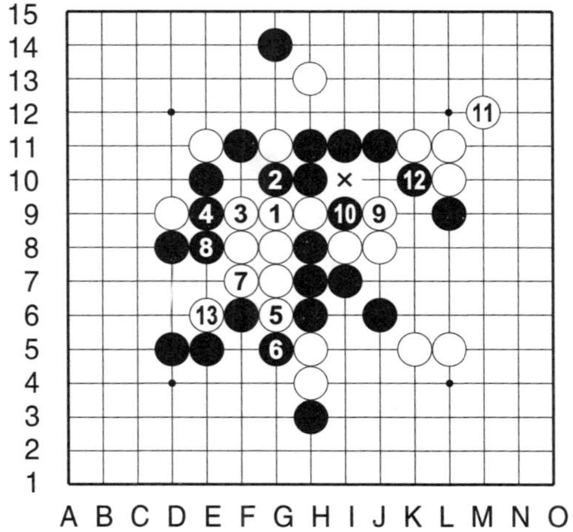

第118题

如图所示，本局题名为百家姓之“文”姓，盘面黑方9子、白方8子。白先行，如何以VCF取胜？

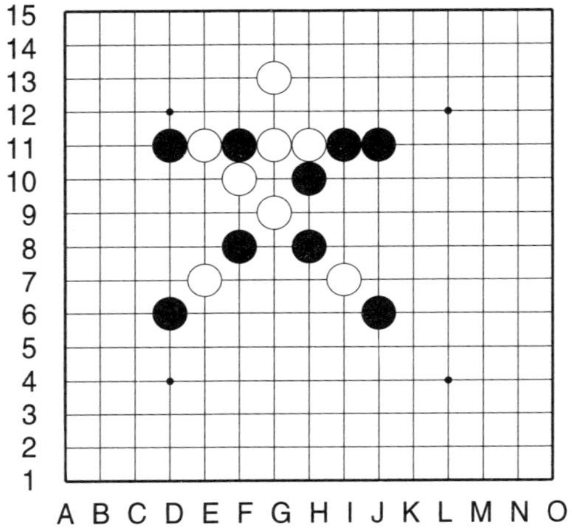

第118题答案

白1冲四，直至白15为止形成活四，白胜。

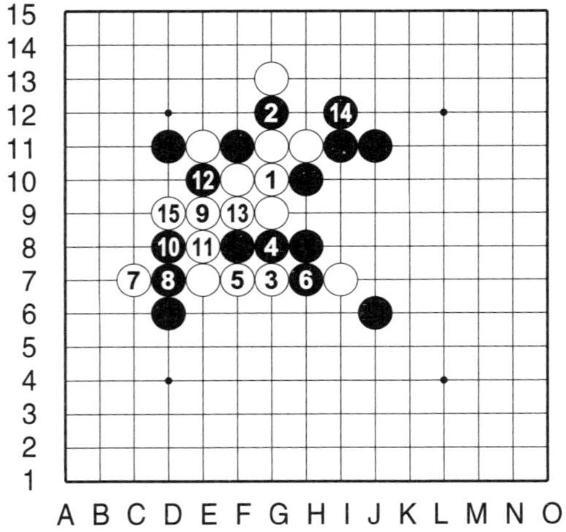

第119题

如图所示，本局题名为百家姓之“丁”姓，双方各9子。黑先行，如何以VCF取胜？

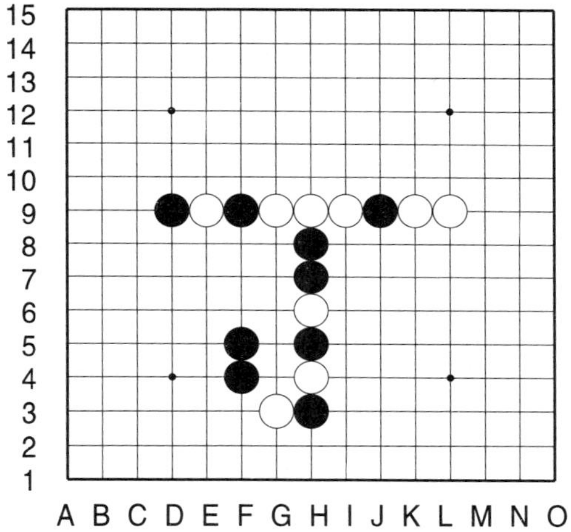

第119题答案

黑1冲四，直至黑15为止形成活四，黑胜。

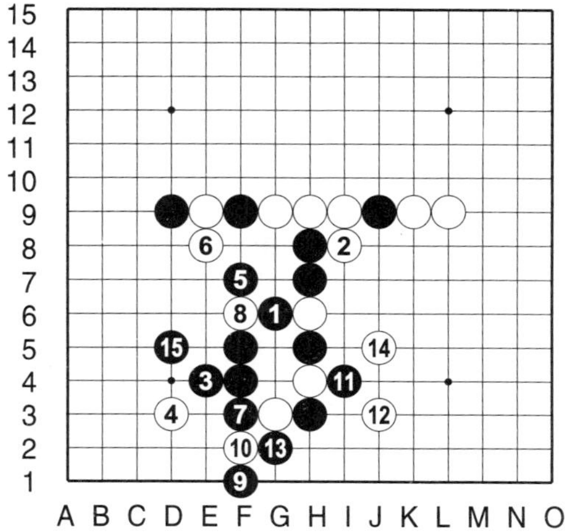

第120题

如图所示，本局题名为百家姓之“干”姓，双方各10子。黑先行，如何以VCF取胜？

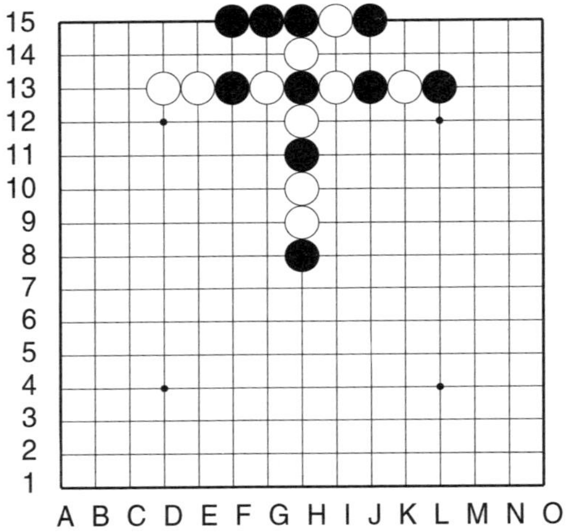

第120题答案

黑1冲四，直至黑15为止形成活四，黑胜。

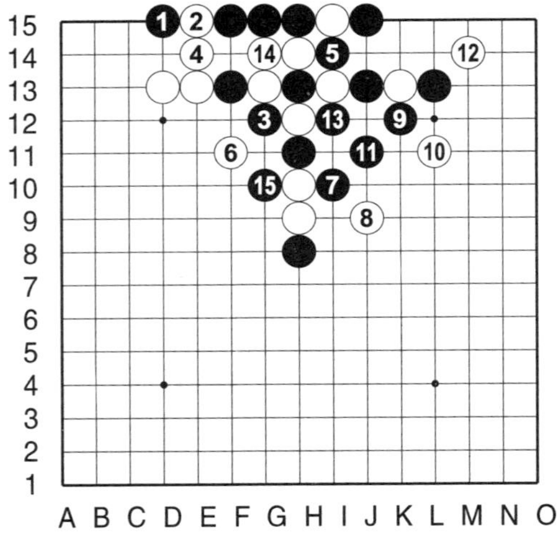

第121题

如图所示，本局题名为百家姓之“余”姓，盘面黑方14子、白方13子。白先行，如何以VCF取胜？

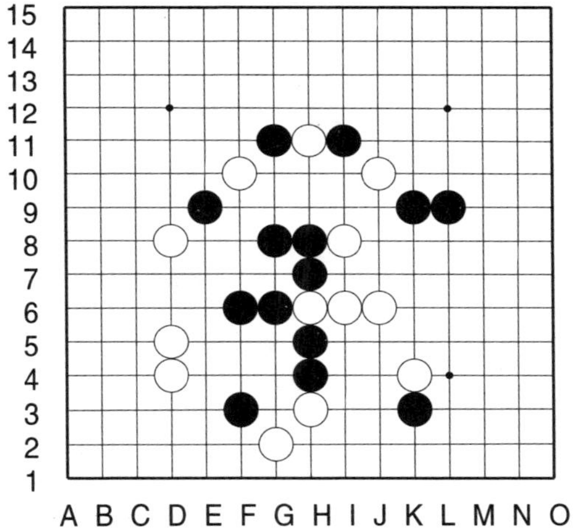

第121题答案

白1冲四，直至白15为止，迫使黑16于H9点形成四四禁手，白胜。

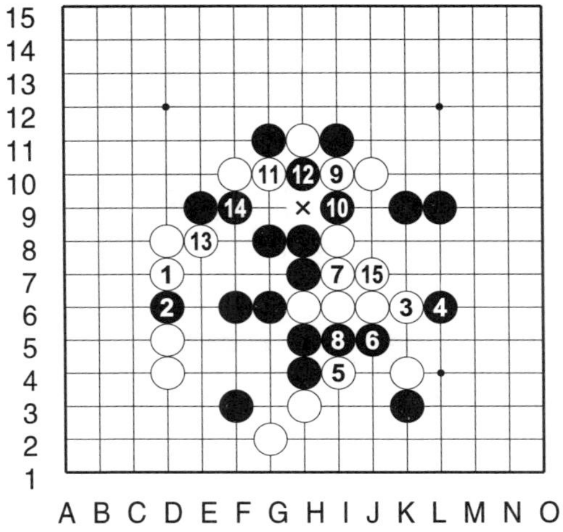

第122题

如图所示，本局题名为百家姓之“龙”姓，盘面黑方15子、白方14子。白先行，如何以VCF取胜？

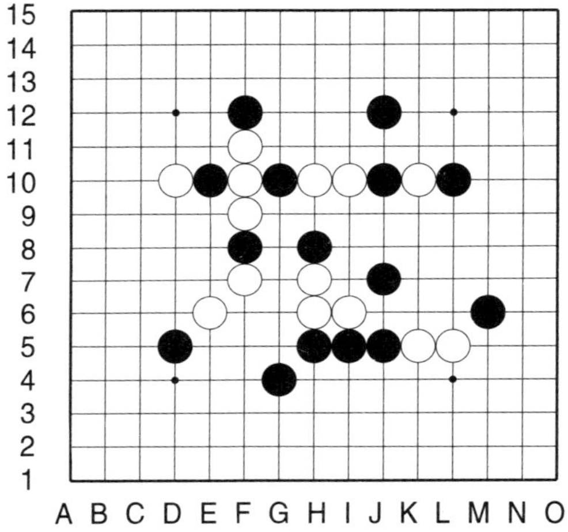

第122题答案

白1冲四，直至白15为止，迫使黑16于J6点形成长连禁手，白胜。

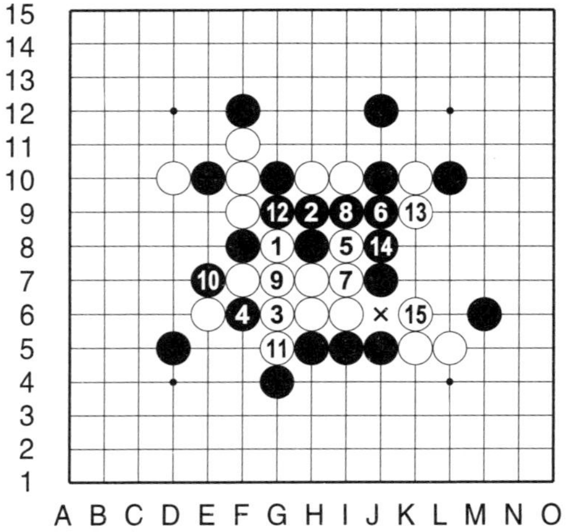

第123题

如图所示，本局题名为百家姓之“金”姓，盘面黑方17子、白方16子。白先行，如何以VCF取胜？

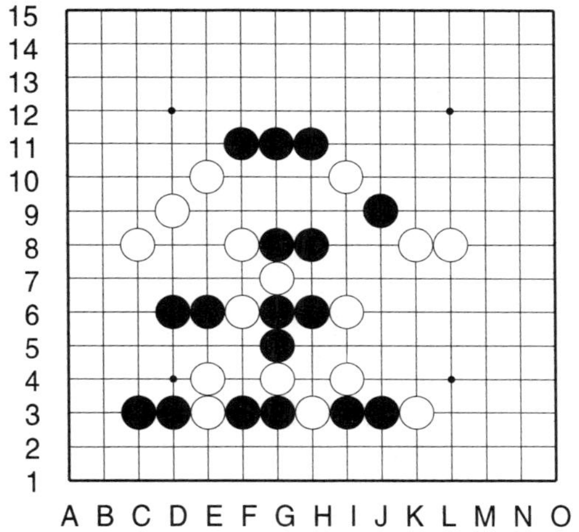

第123题答案

白1冲四，直至白15为止，迫使黑16于D7点形成四四禁手，白胜。

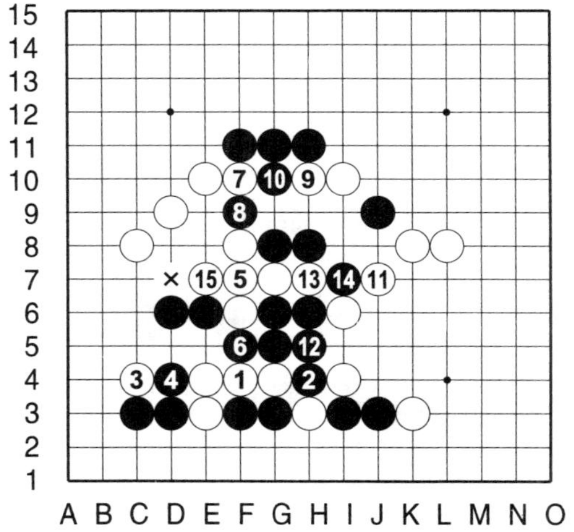

第124题

如图所示，本局题名为百家姓之“戈”姓，盘面黑方11子、白方10子。白先行，如何以VCF取胜？

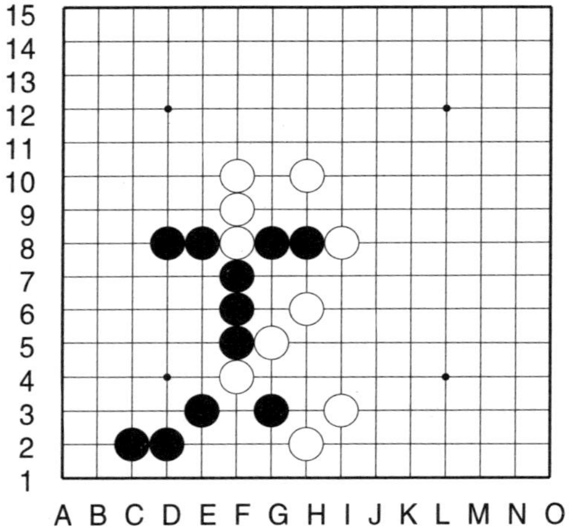

第124题答案

白1冲四，直至白17为止形成活四，白胜。

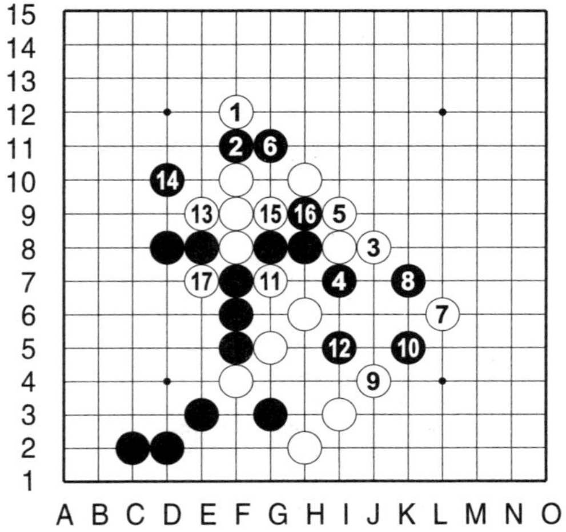

第125题

如图所示，本局题名为百家姓之“刁”姓，盘面黑方11子、白方10子。白先行，如何以VCF取胜？

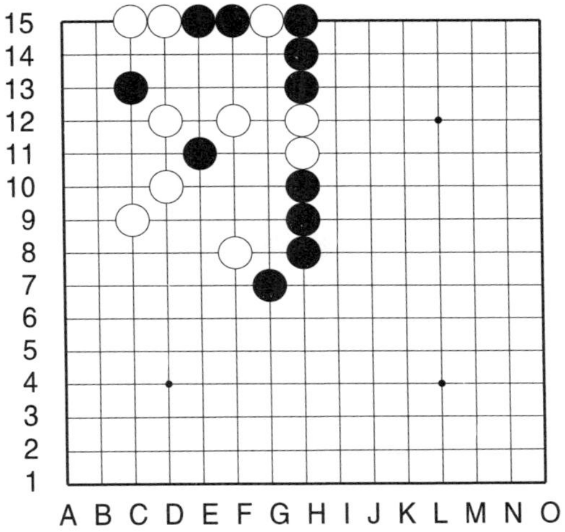

第125题答案

白1冲四，直至白17为止形成活四，白胜。

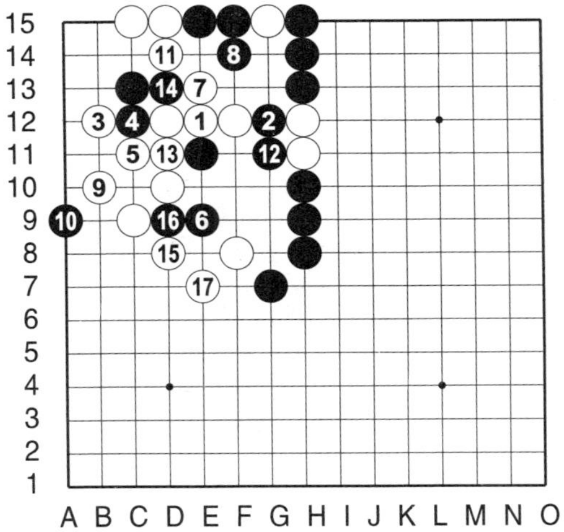

第126题

如图所示，本局题名为百家姓之“巴”姓，双方各11子。黑先行，如何以VCF取胜？

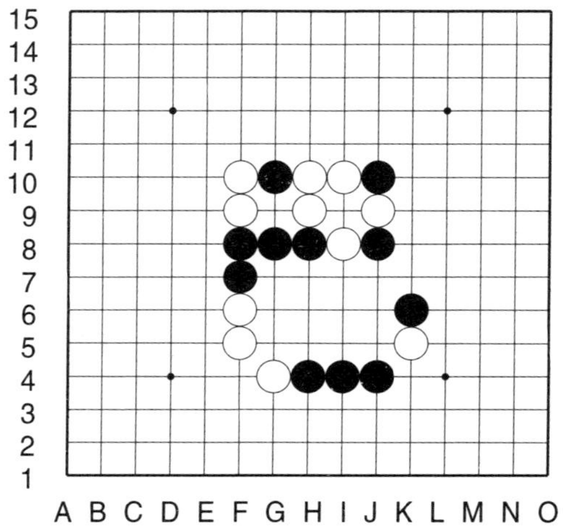

第126题答案

黑1冲四，直至黑17为止形成活四，黑胜。

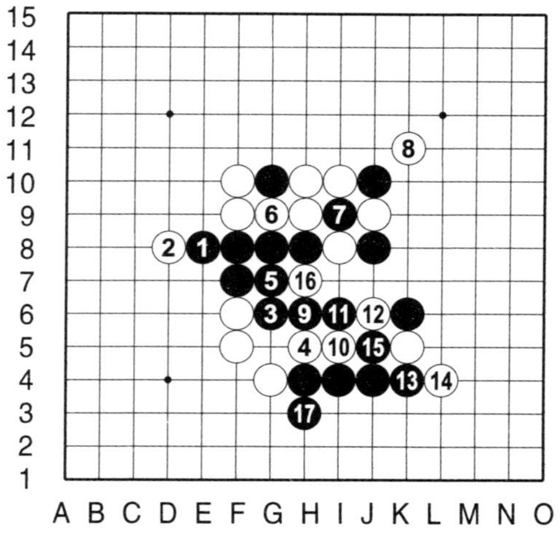

第127题

如图所示，本局题名为百家姓之“计”姓，盘面黑方14子、白方13子。白先行，如何以VCF取胜?

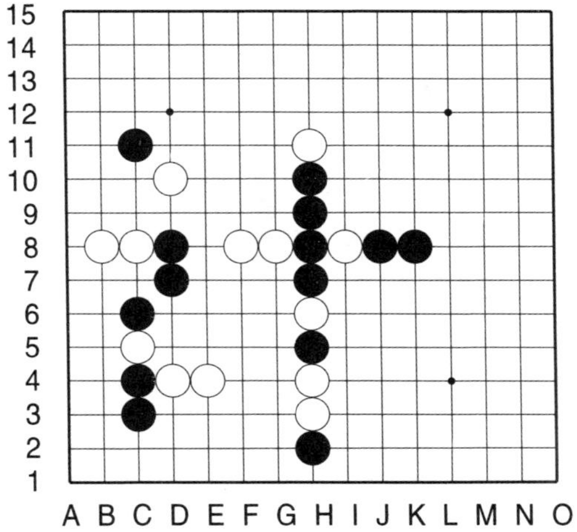

第127题答案

白1冲四，直至白17为止形成活四，白胜。

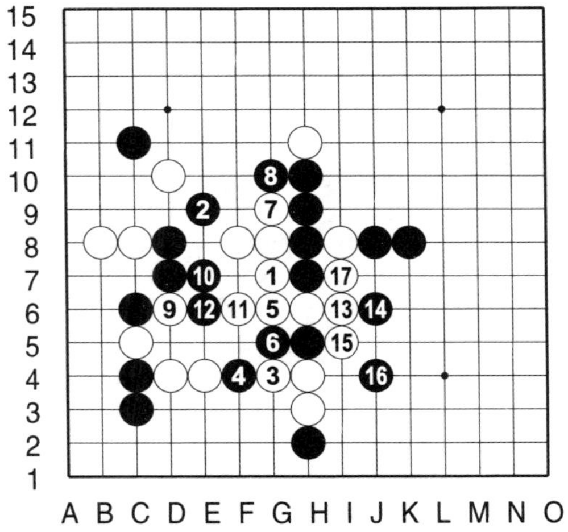

第128题

如图所示，本局题名为百家姓之“乔”姓，双方各15子。黑先行，如何以VCF取胜？

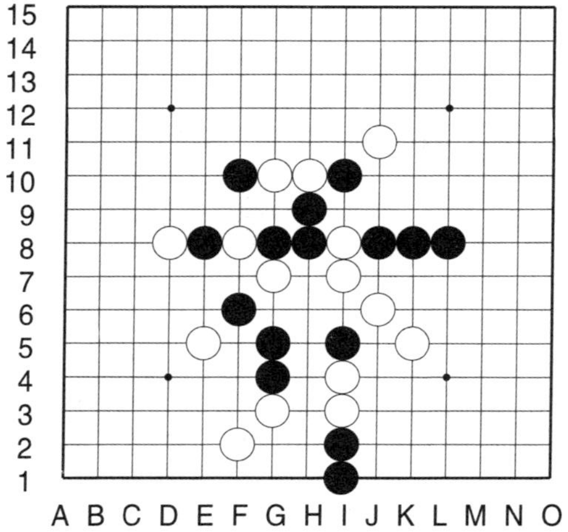

第128题答案

黑1冲四，直至黑17为止形成活四，黑胜。

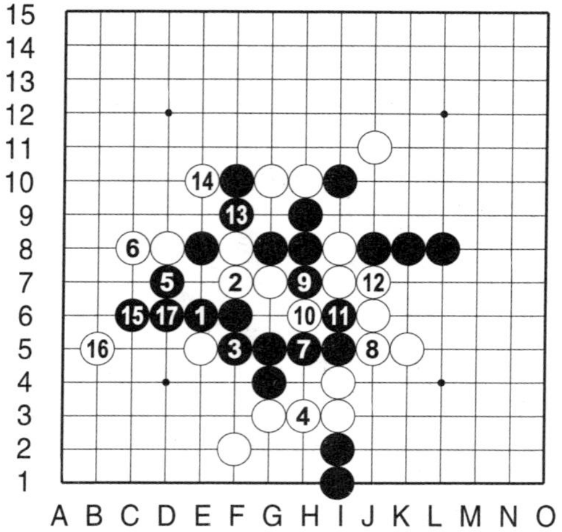

第129题

如图所示，本局题名为百家姓之“时”姓，盘面黑方16子、白方15子。白先行，如何以VCF取胜？

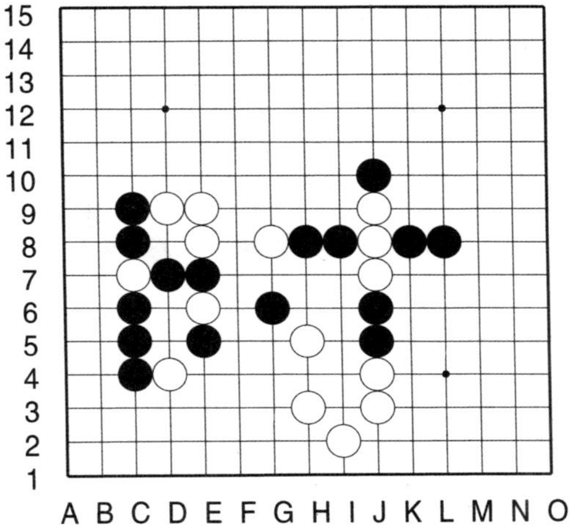

第129题答案

白1冲四，直至白17为止，迫使黑18于I9点形成三三禁手，白胜。

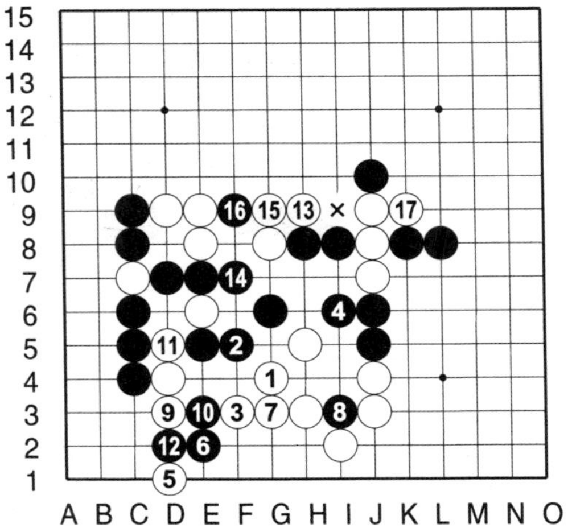

第130题

如图所示，本局题名为百家姓之“卫”姓，盘面黑方11子、白方10子。白先行，如何以VCF取胜？

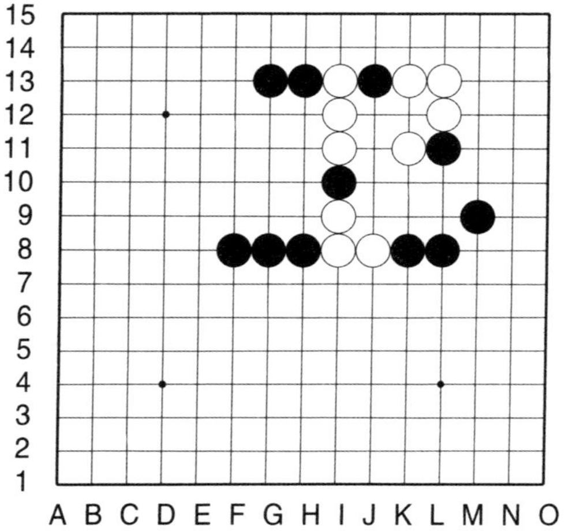

第130题答案

白1冲四，直至白19为止形成活四，白胜。

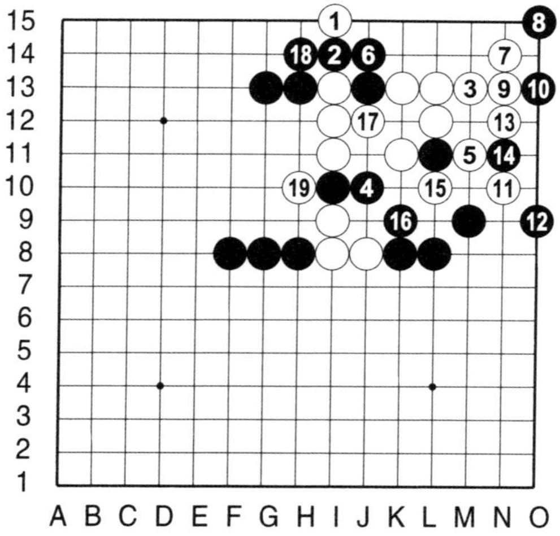

第131题

如图所示，本局题名为百家姓之“山”姓，盘面黑方11子、白方10子。白先行，如何以VCF取胜？

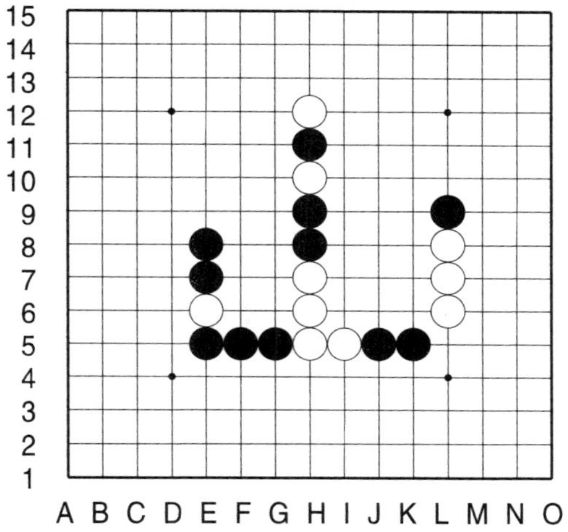

第131题答案

白1冲四，直至白19为止形成活四，白胜。

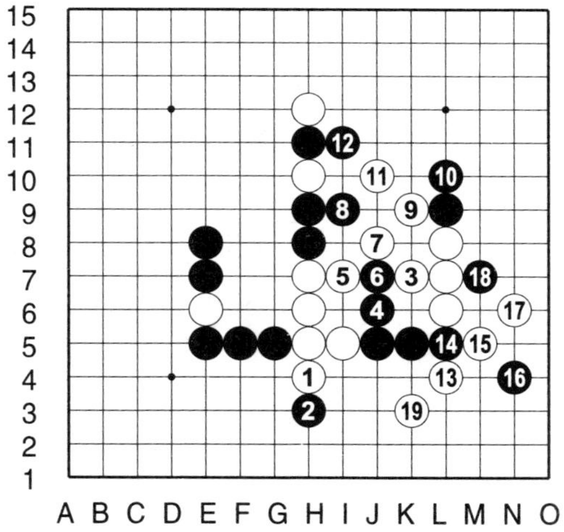

第132题

如图所示，本局题名为百家姓之“水”姓，盘面黑方13子、白方12子。白先行，如何以VCF取胜？

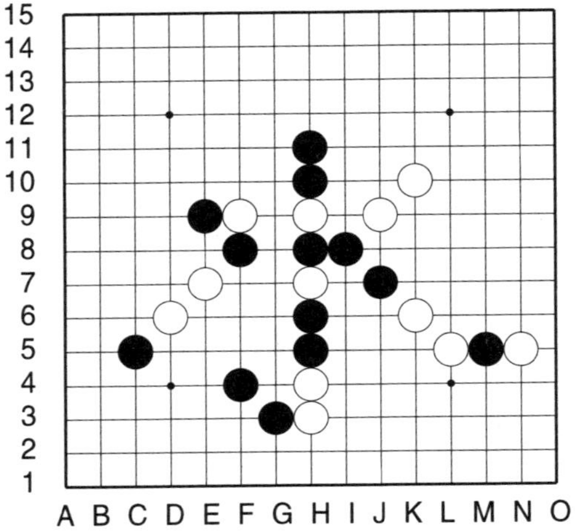

第132题答案

白1冲四，直至白19为止形成活四，白胜。

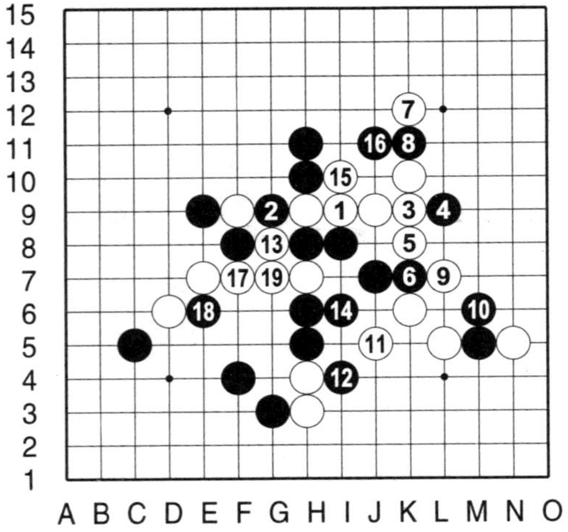

第133题

如图所示，本局题名为百家姓之“仇”姓，双方各14子。黑先行，如何以VCF取胜？

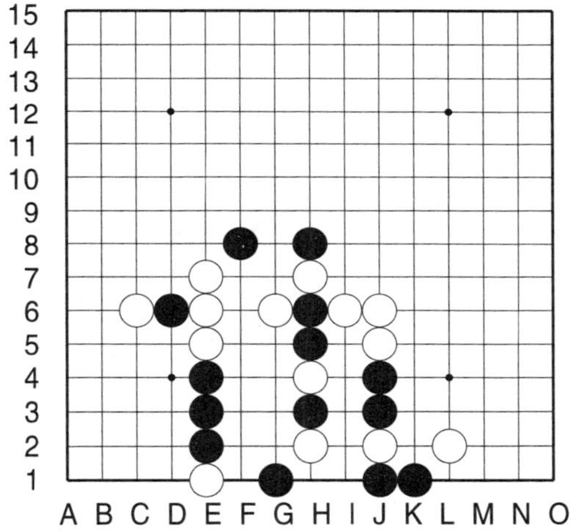

第133题答案

黑1冲四，直至黑19为止形成活四，黑胜。

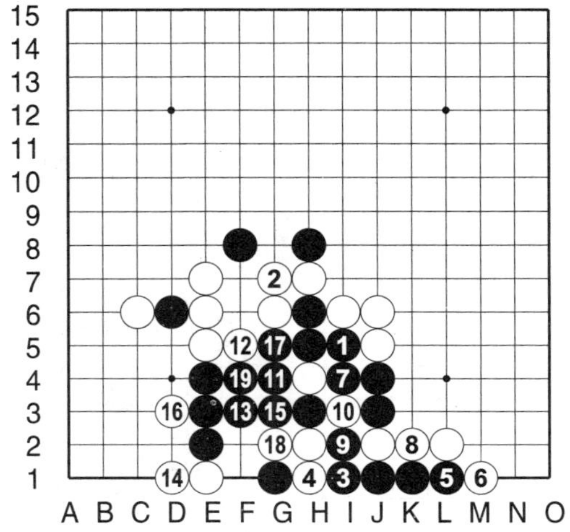

第134题

如图所示，本局题名为百家姓之“印”姓，盘面黑方17子、白方16子。白先行，如何以VCF取胜?

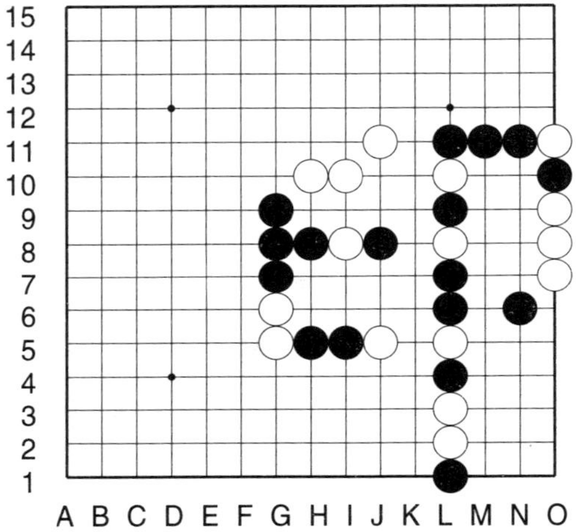

第134题答案

白1冲四，直至白19为止，迫使黑20于J7点形成四四禁手，白胜。

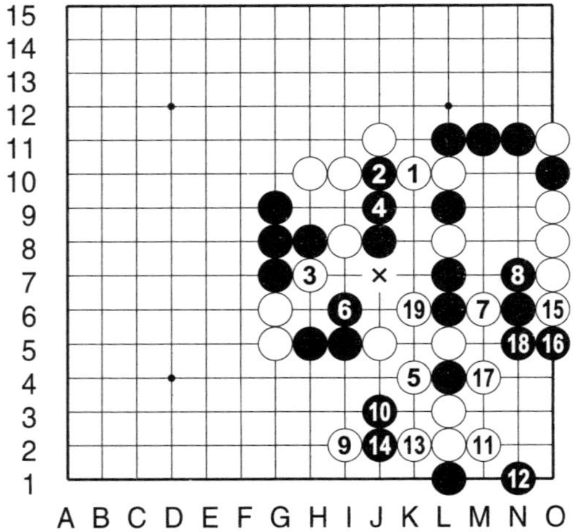

第135题

如图所示，本局题名为百家姓之“方”姓，盘面黑方13子、白方12子。白先行，如何以VCF取胜？

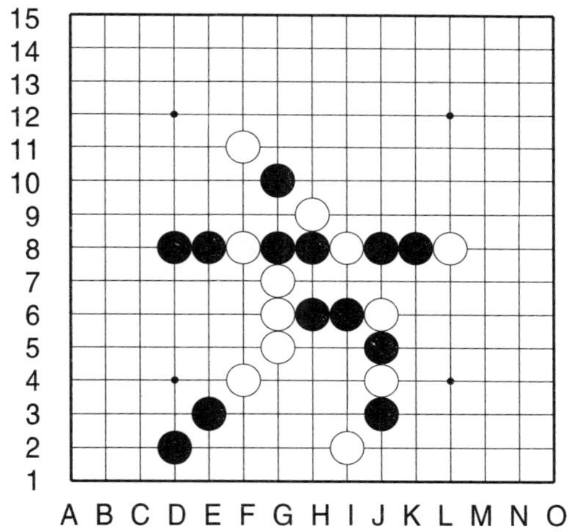

第135题答案

白1冲四，直至白21为止，迫使黑22于E9点形成三三禁手，白胜。

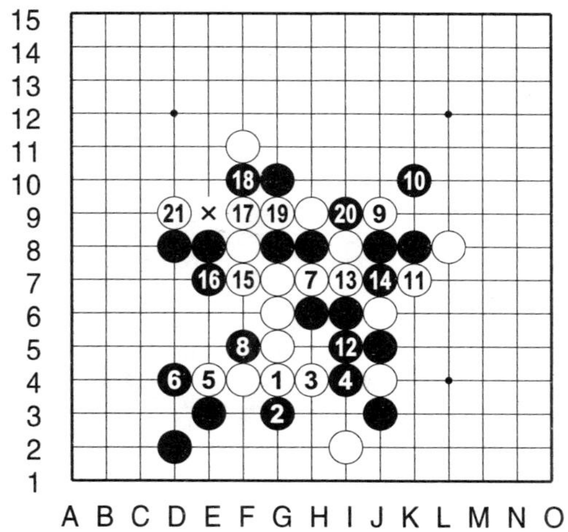

第136题

如图所示，本局题名为百家姓之“边”姓，双方各15子。黑先行，如何以VCF取胜？

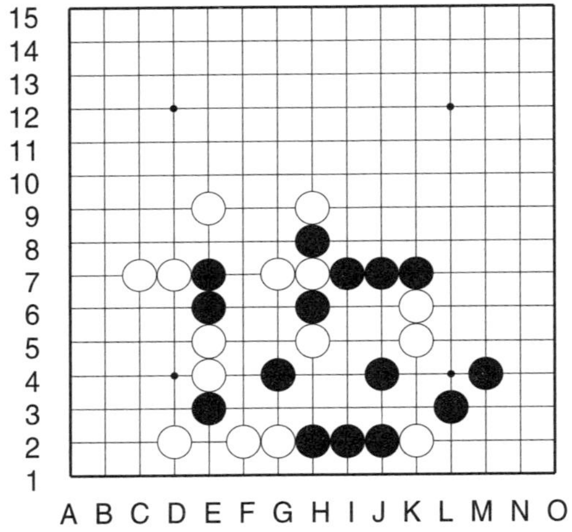

第136题答案

黑1冲四，直至黑21为止形成活四，黑胜。

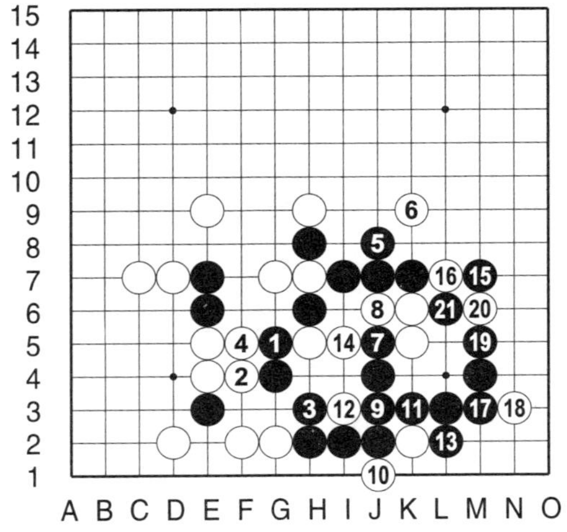

第137题

如图所示，本局题名为百家姓之“牛”姓，盘面黑方13子、白方12子。白先行，如何以VCF取胜？

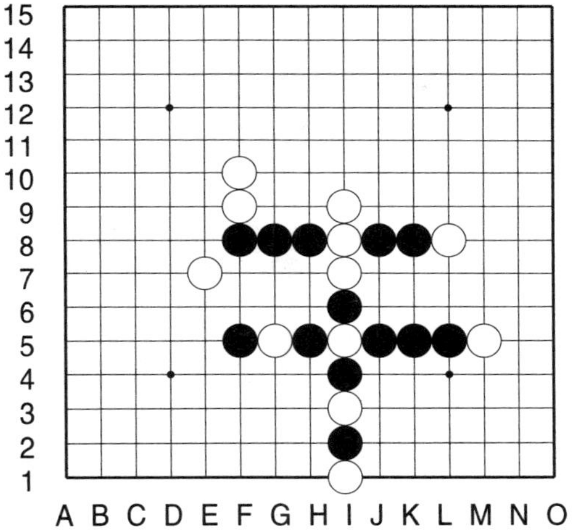

第137题答案

白1冲四，直至白23为止，迫使黑24于E2点形成四四禁手，白胜。白19为妙手。

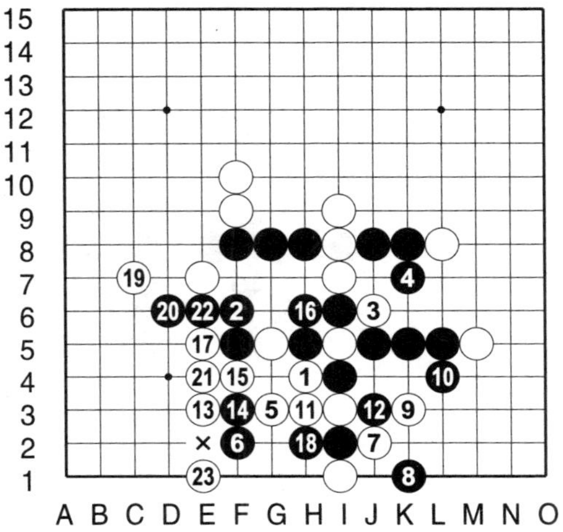

第138题

如图所示，本局题名为百家姓之“丛”姓，双方各12子。黑先行，如何以VCF取胜？

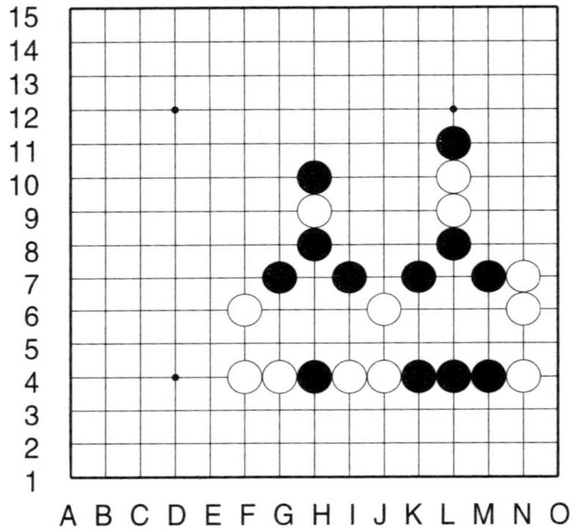

第138题答案

黑1冲四，直至黑23为止形成活四，黑胜。

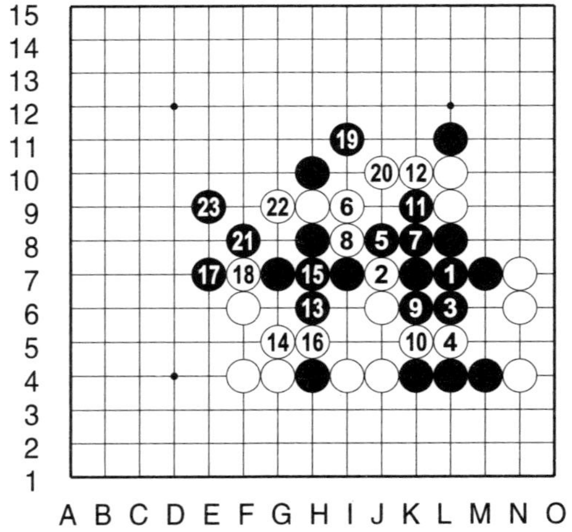

第139题

如图所示，本局题名为百家姓之“江”姓，双方各14子。黑先行，如何以VCF取胜？

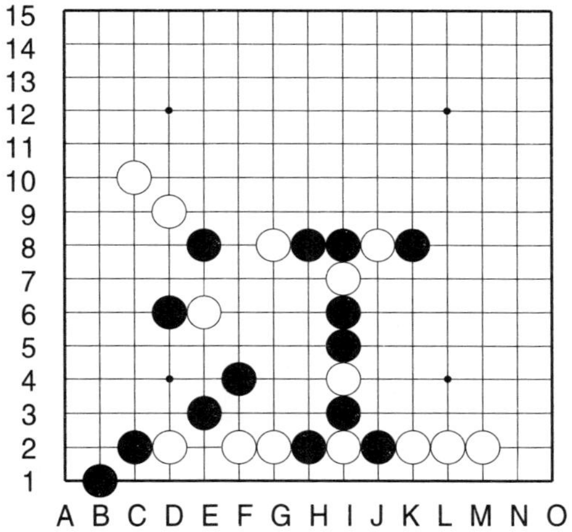

第139题答案

黑1冲四，直至黑23为止形成活四，黑胜。

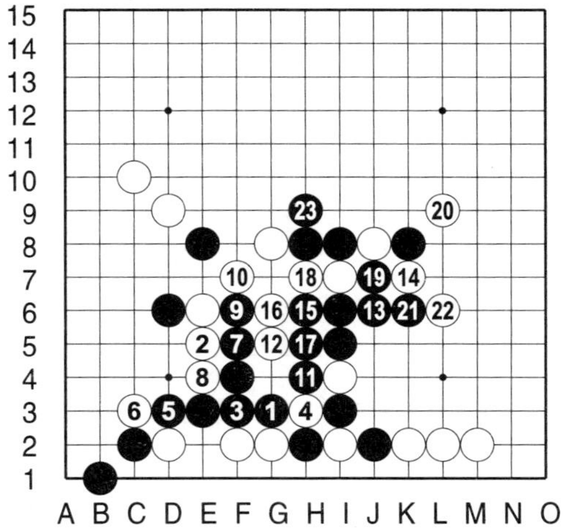

第140题

如图所示，本局题名为百家姓之“许”姓，盘面黑方17子、白方16子。白先行，如何以VCF取胜？

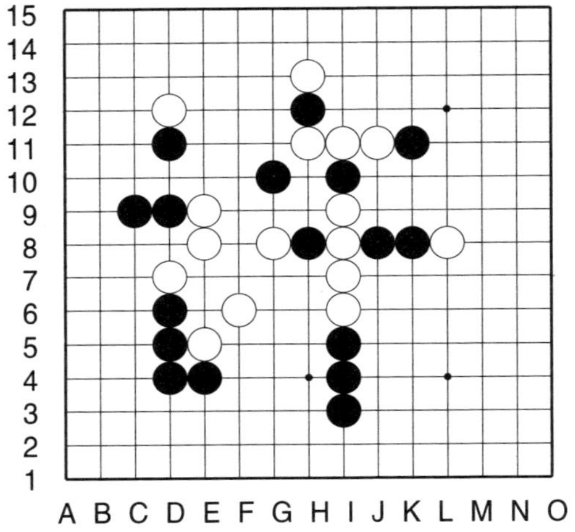

第140题答案

白1冲四，直至白23为止，迫使黑24于J6点形成三三禁手，白胜。

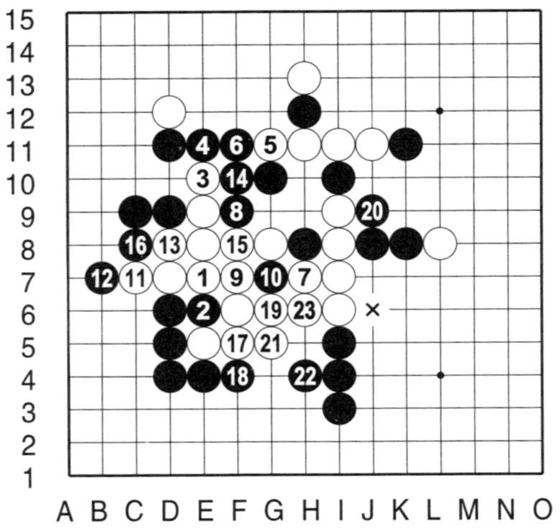

第141题

如图所示，本局题名为百家姓之“孙”姓，双方各17子。黑先行，如何以VCF取胜？

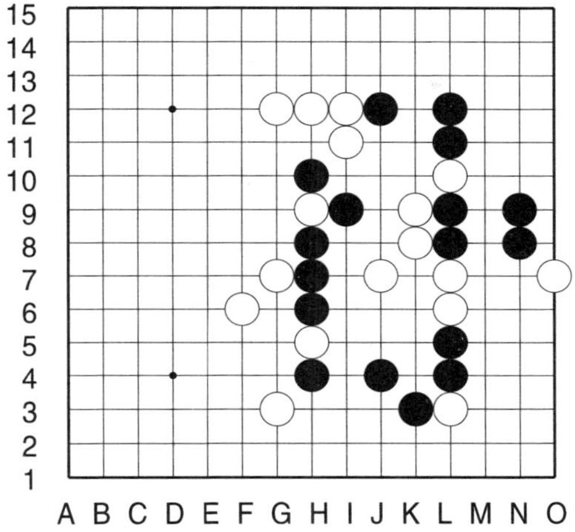

第141题答案

黑1冲四，直至黑23为止形成活四，黑胜。

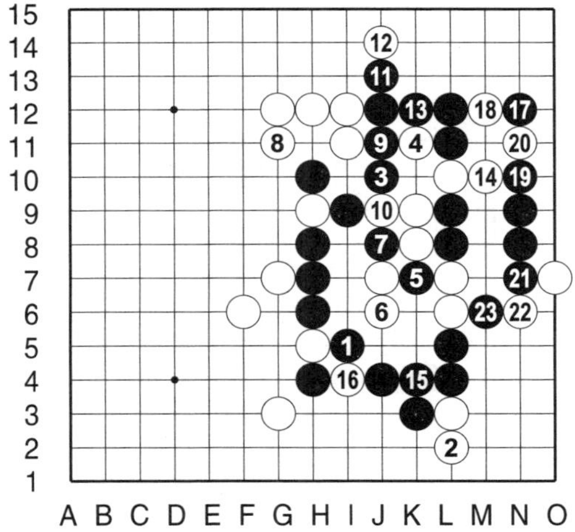

第142题

如图所示，本局题名为百家姓之“乐”姓，双方各15子。黑先行，如何以VCF取胜?

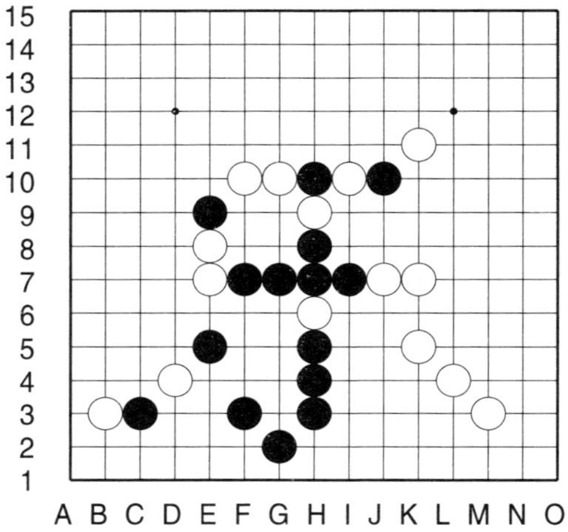

第142题答案

黑1冲四，直至黑27为止形成活四，黑胜。

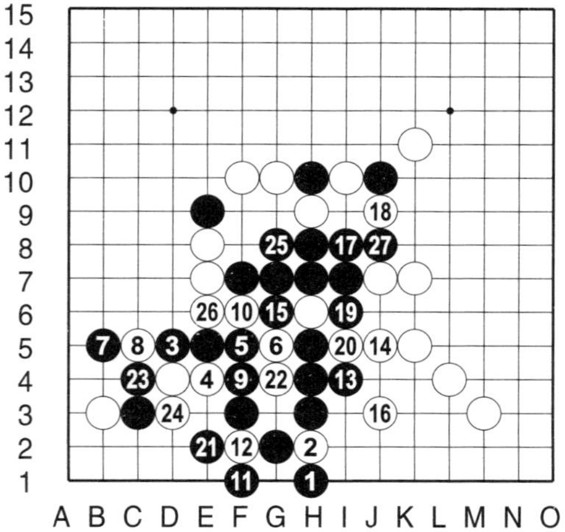

第143题

如图所示，本局题名为百家姓之“万”姓，双方各17子。黑先行，如何以VCF取胜？

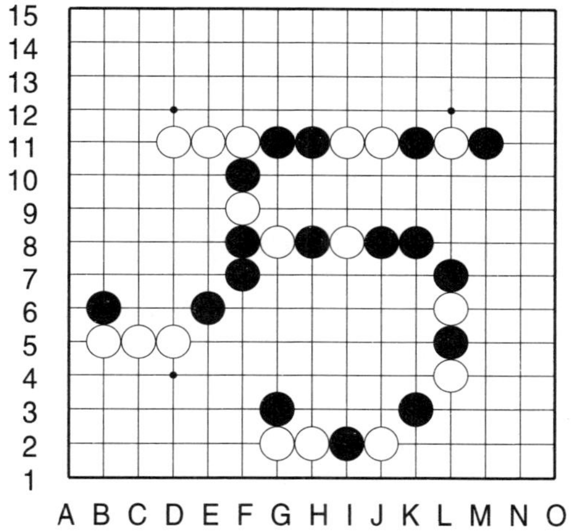

第143题答案

黑1冲四，直至黑27为止形成活四，黑胜。

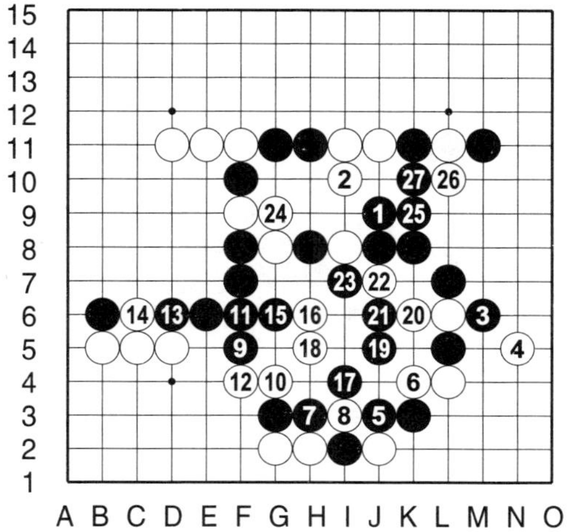

第144题

如图所示，本局题名为百家姓之“关”姓，双方各19子。黑先行，如何以VCF取胜？

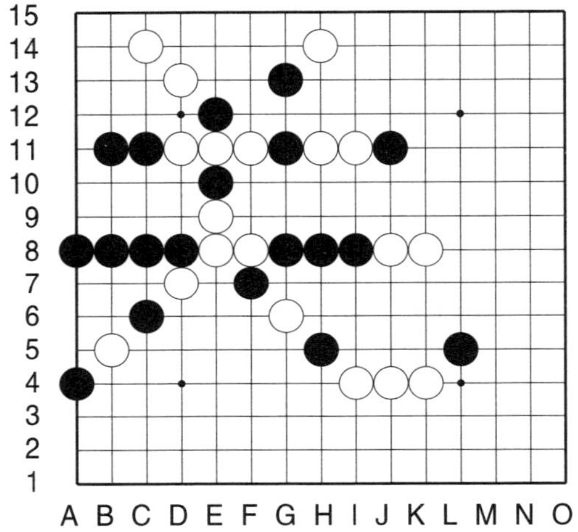

第144题答案

黑1冲四，直至黑27为止形成活四，黑胜。

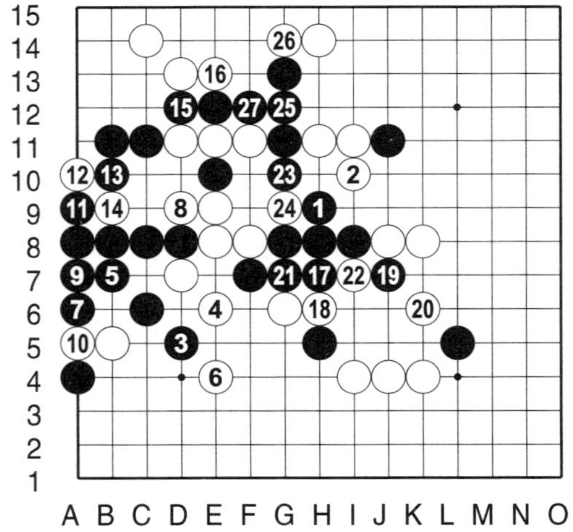

第145题

如图所示，本局题名为百家姓之“李”姓，双方各24子。黑先行，如何以VCF取胜？

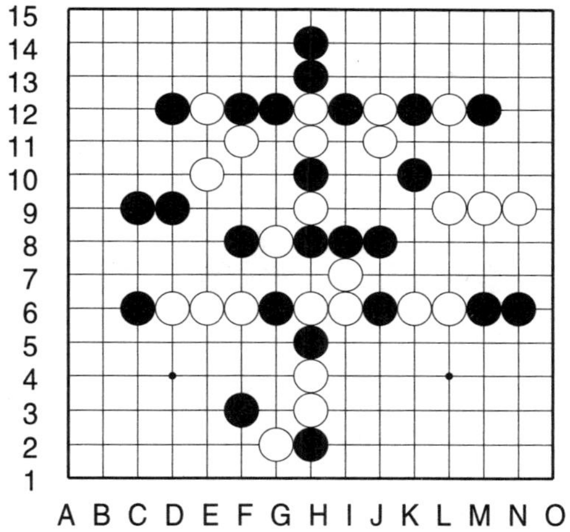

第145题答案

黑1冲四，直至黑27为止形成活四，黑胜。

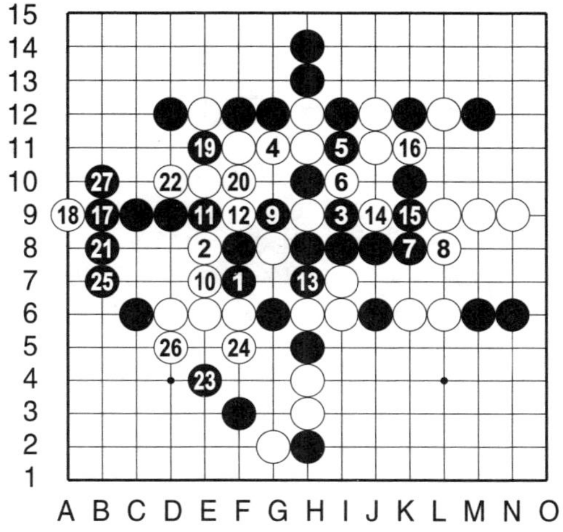

第146题

如图所示，本局题名为百家姓之“代”姓，盘面黑方16子、白方15子。白先行，如何以VCF取胜？

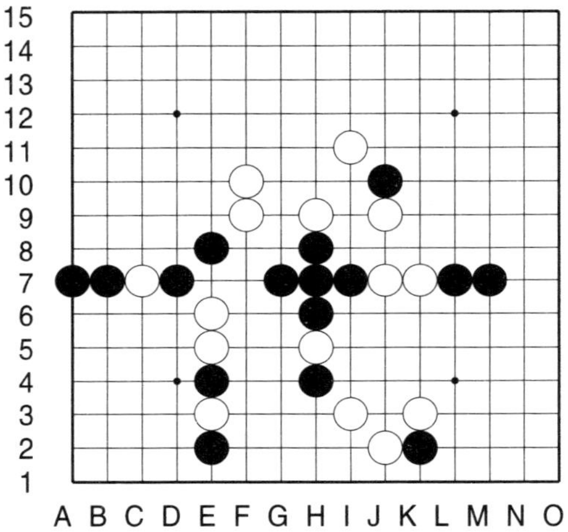

第146题答案

白1冲四，直至白29为止形成活四，白胜。

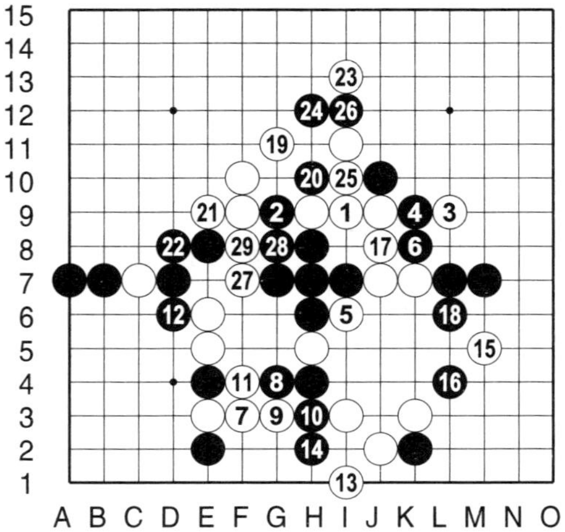

第147题

如图所示，本局题名为百家姓之“车”姓，双方各16子。黑先行，如何以VCF取胜?

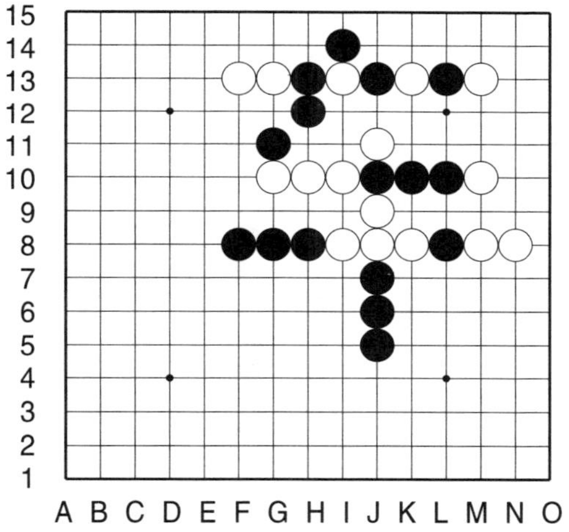

第147题答案

黑1冲四，直至黑29为止形成活四，黑胜。

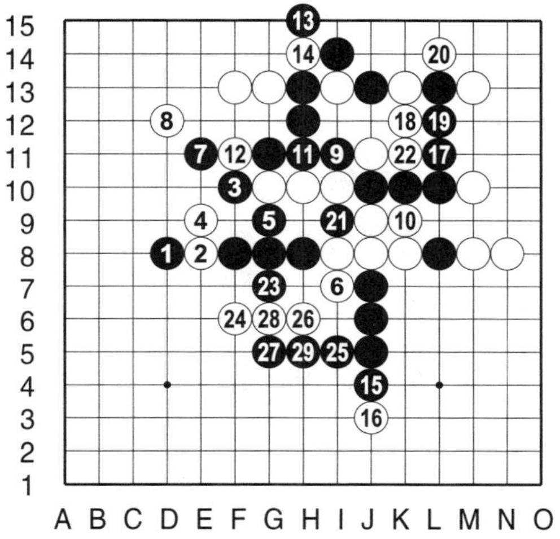

第148题

如图所示，本局题名为百家姓之“孔”姓，双方各17子。黑先行，如何以VCF取胜？

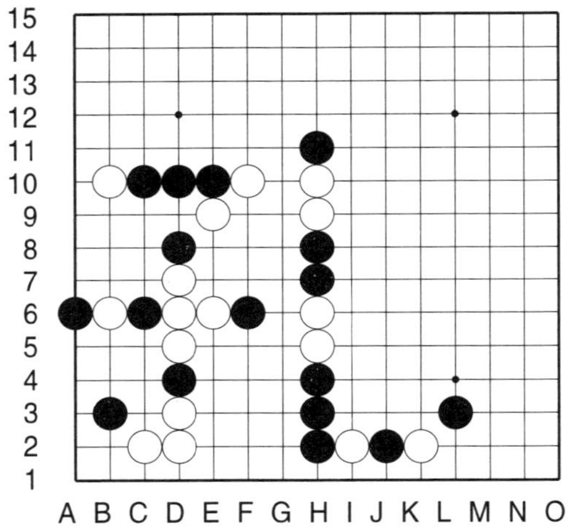

第148题答案

黑1冲四，直至黑31为止形成活四，黑胜。

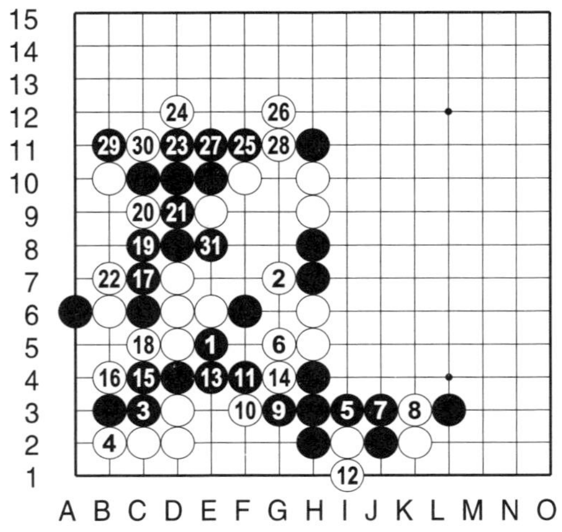

第149题

如图所示，本局题名为百家姓之“叶”姓，双方各16子。黑先行，如何以VCF取胜？

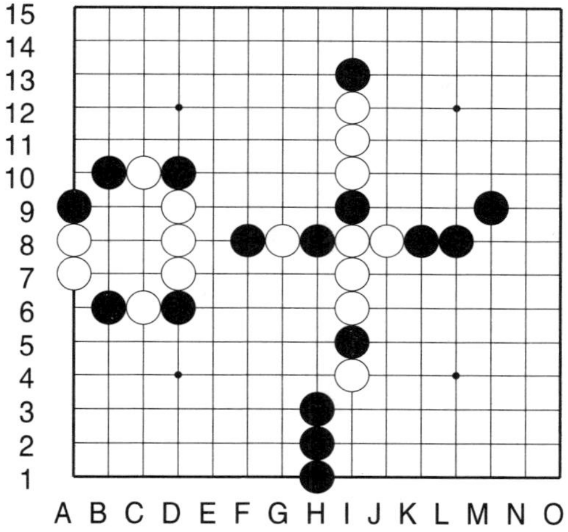

第149题答案

黑1冲四，直至黑33为止形成活四，黑胜。

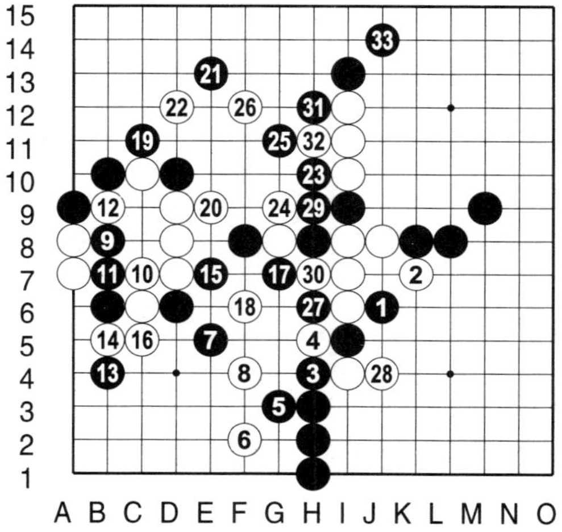

第150题

如图所示，本局题名为百家姓之“严”姓，双方各20子。黑先行，如何以VCF取胜？

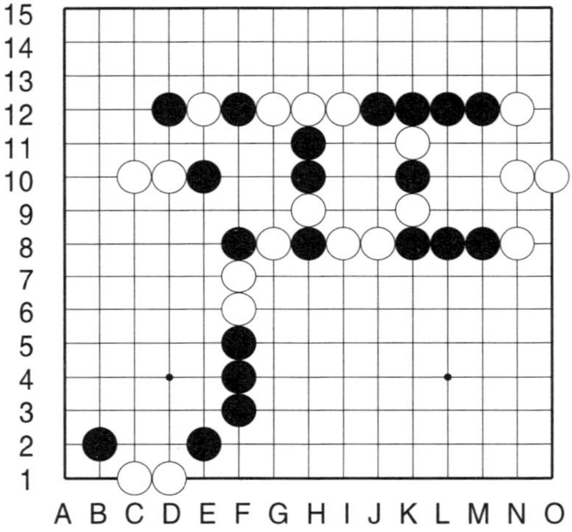

第150题答案

黑1冲四，直至黑33为止形成活四，黑胜。

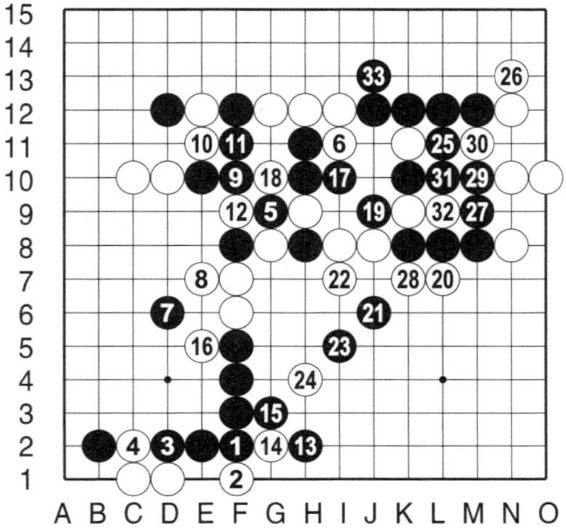

第151题

如图所示，本局题名为百家姓之“吕”姓，双方各17子。黑先行，如何以VCF取胜？

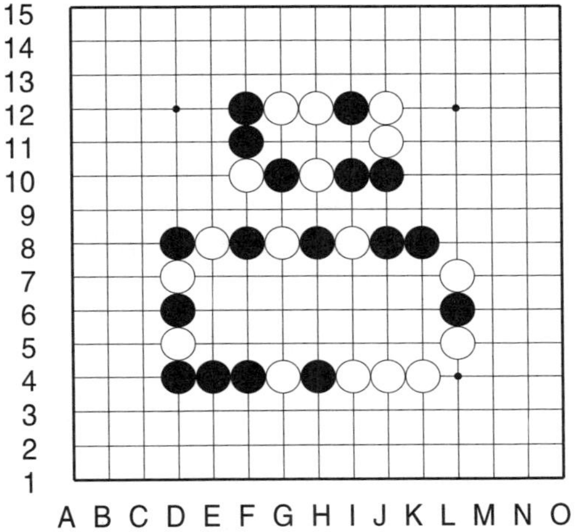

第151题答案

黑1冲四，直至黑35为止形成活四，黑胜。

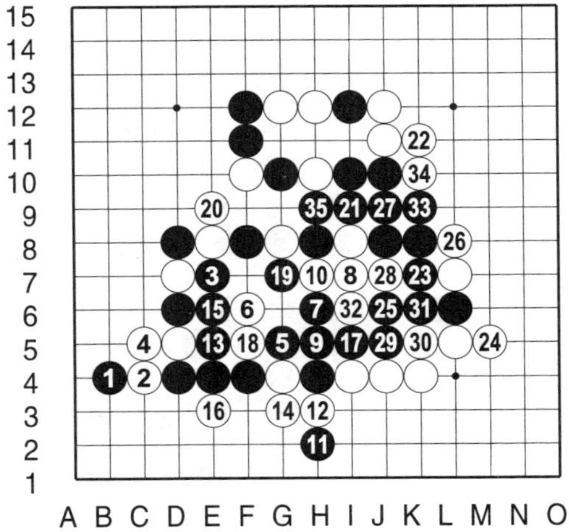

第152题

如图所示，本局题名为百家姓之“马”姓，双方各20子。黑先行，如何以VCF取胜？

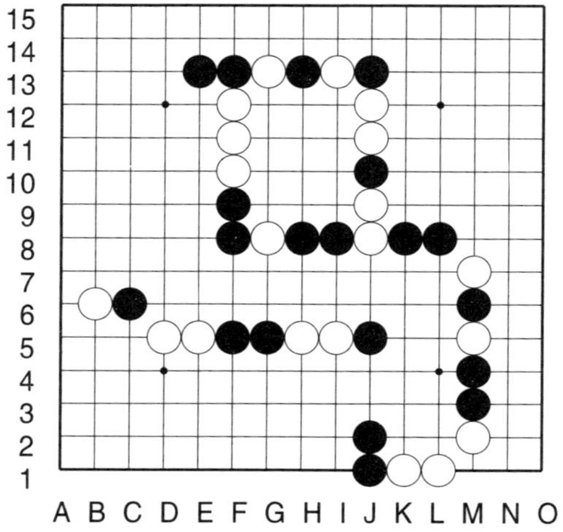

第152题答案

黑1冲四，直至黑35为止形成活四，黑胜。

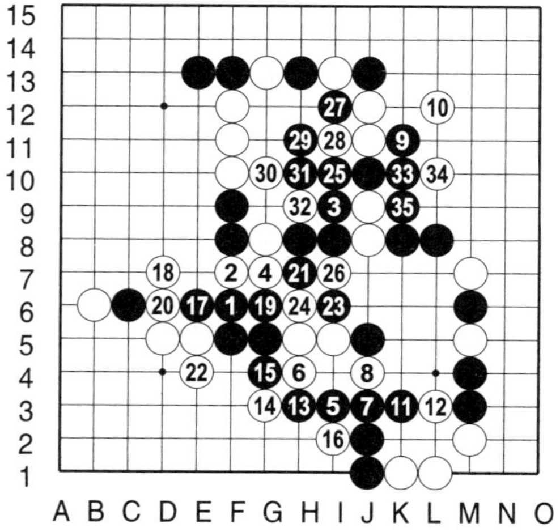

第153题

如图所示，本局题名为百家姓之“罗”姓，双方各22子。黑先行，如何以VCF取胜？

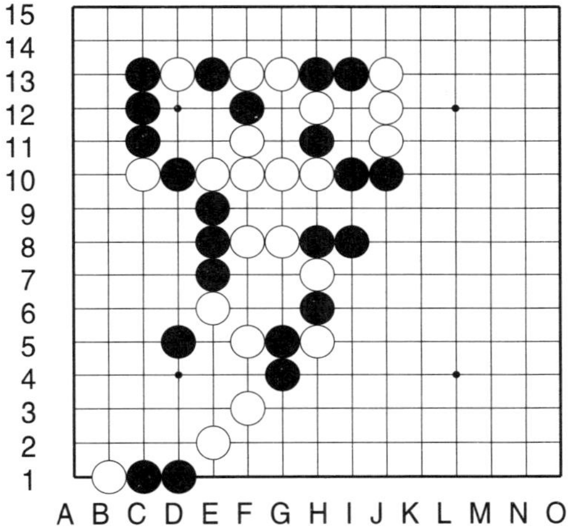

第153题答案

黑1冲四，直至黑35为止形成活四，黑胜。

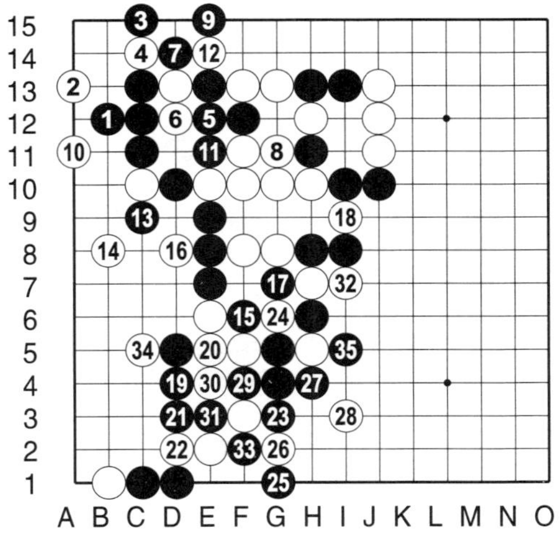

第154题

如图所示，本局题名为百家姓之“徐”姓，双方各23子。黑先行，如何以VCF取胜？

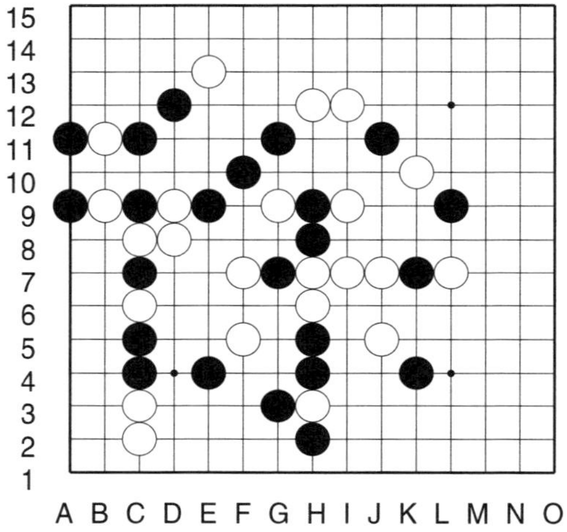

第154题答案

黑1冲四，直至黑35为止形成活四，黑胜。

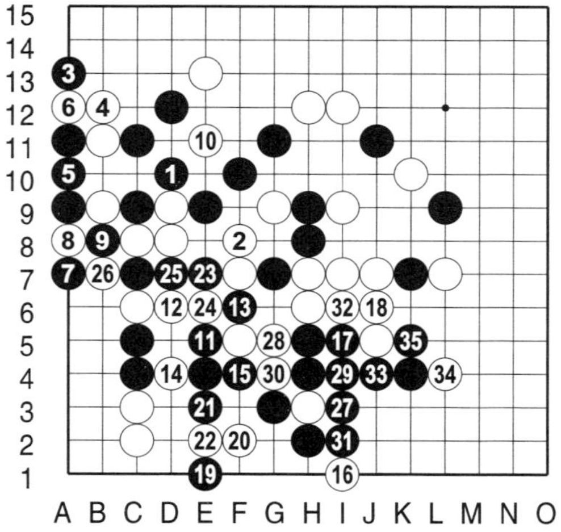

第155题

如图所示，本局题名为百家姓之“唐”姓，双方各27子。黑先行，如何以VCF取胜？

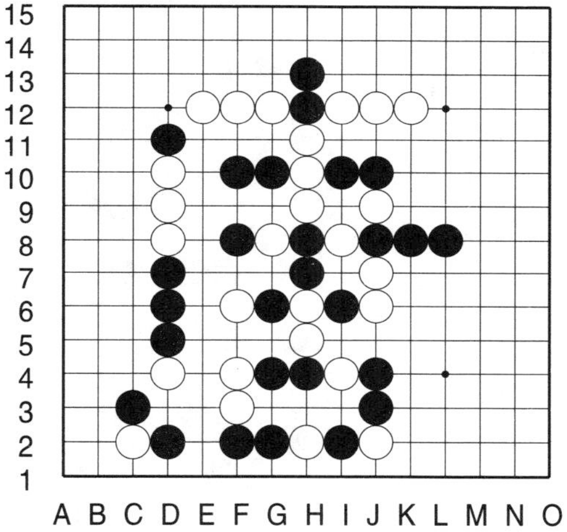

第155题答案

黑1冲四，直至黑37为止形成活四，黑胜。

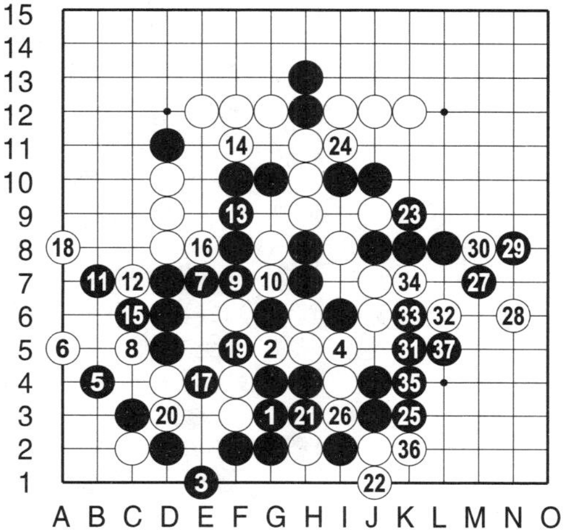

第156题

如图所示，本局题名为百家姓之“曹”姓，双方各35子。黑先行，如何以VCF取胜？

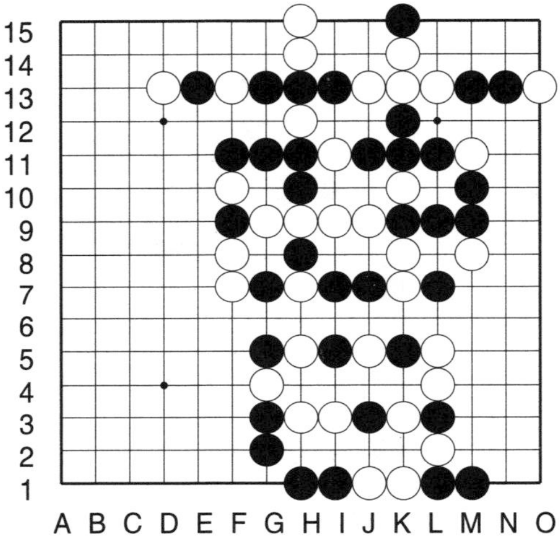

第156题答案

黑1冲四，直至黑37为止形成活四，黑胜。

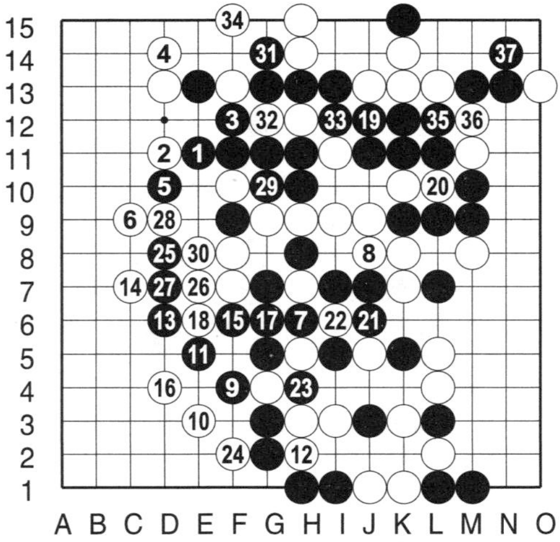

第157题

如图所示，本局题名为百家姓之“邓”姓，双方各21子。黑先行，如何以VCF取胜？

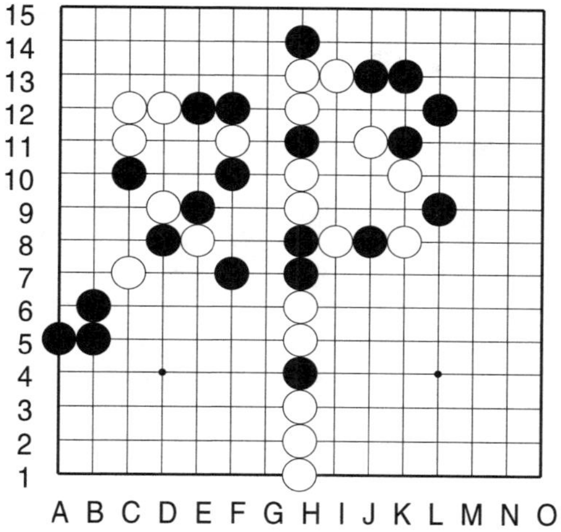

第157题答案

黑1冲四，直至黑39为止形成活四，黑胜。

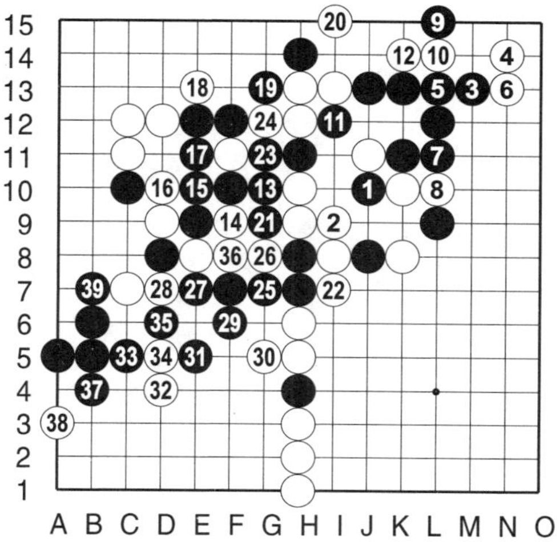

第158题

如图所示，本局题名为百家姓之“杜”姓，双方各26子。黑先行，如何以VCF取胜？

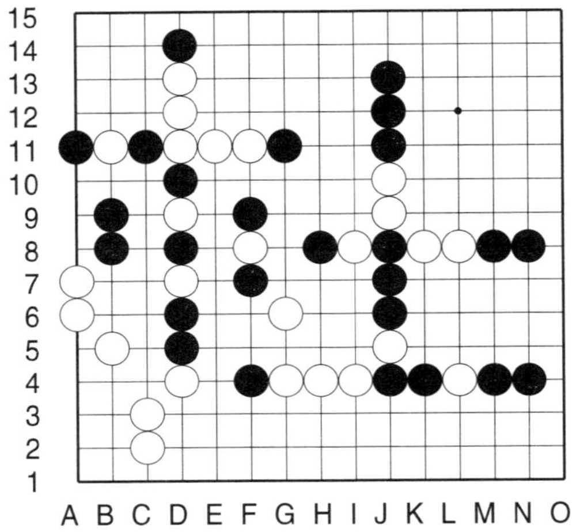

第158题答案

黑1冲四，直至黑39为止形成活四，黑胜。

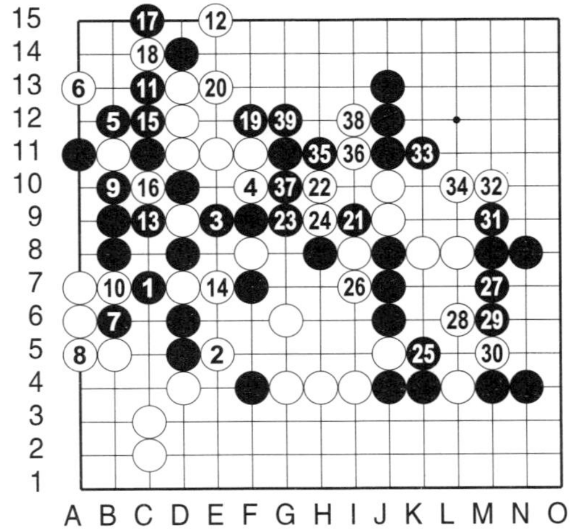

第159题

如图所示，本局题名为百家姓之“常”姓，双方各30子。黑先行，如何以VCF取胜？

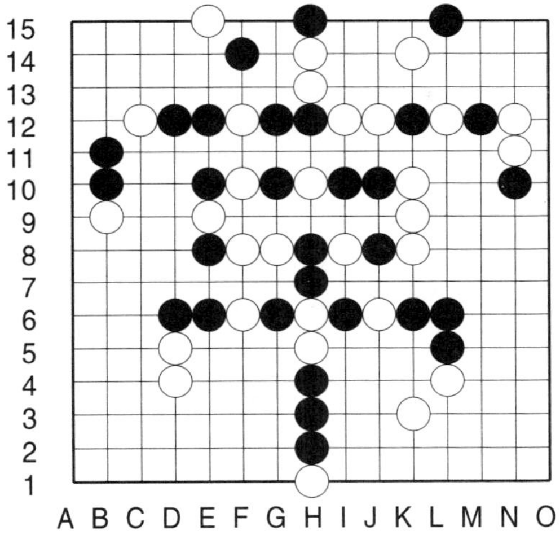

第159题答案

黑1冲四，直至黑39为止形成活四，黑胜。

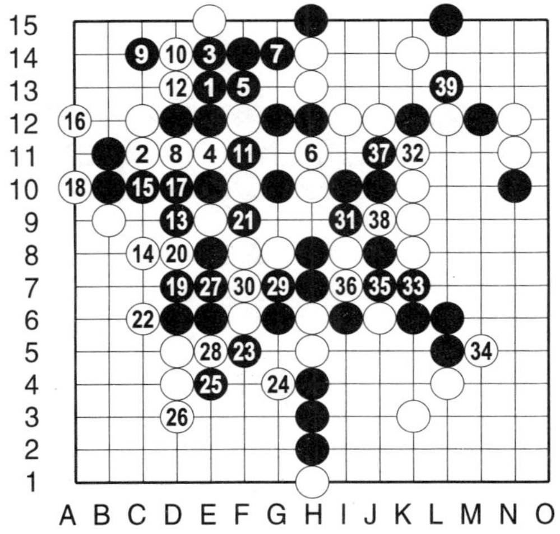

第160题

如图所示，本局题名为百家姓之“石”姓，双方各19子。黑先行，如何以VCF取胜？

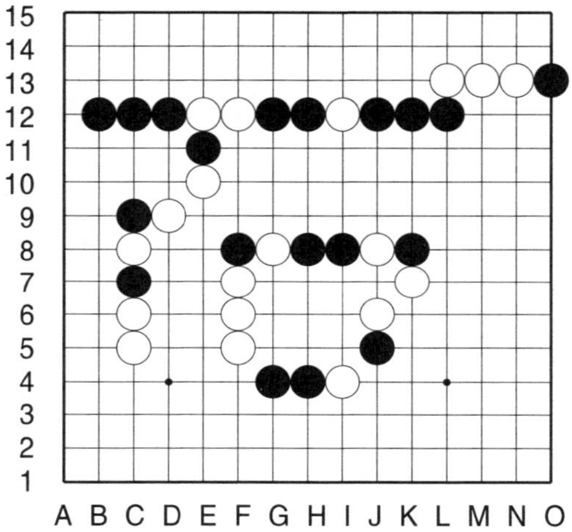

第160题答案

黑1冲四，直至黑45为止形成活四，黑胜。

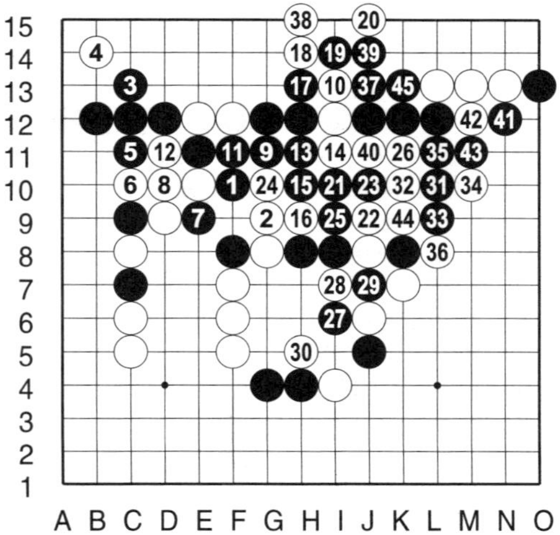

第161题

如图所示，本局题名为百家姓之“柳”姓，双方各24子。黑先行，如何以VCF取胜？

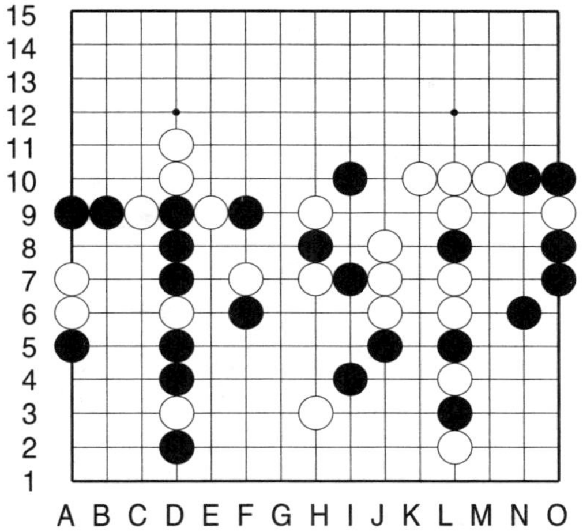

第161题答案

黑1冲四，直至黑45为止形成活四，黑胜。

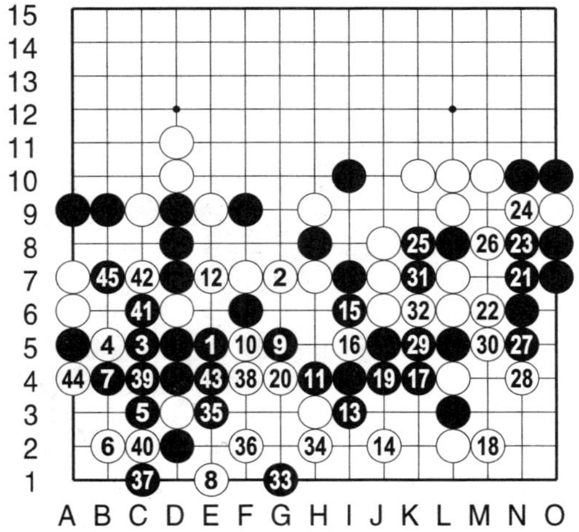

第162题

如图所示，本局题名为百家姓之“刘”姓，双方各25子。黑先行，如何以VCF取胜？

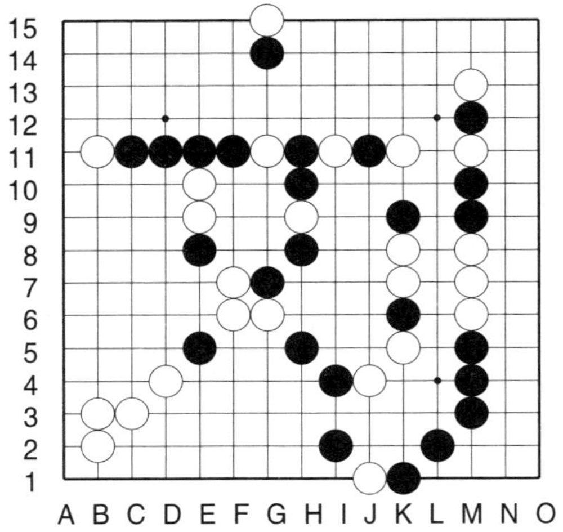

第162题答案

黑1冲四，直至黑45为止形成活四，黑胜。

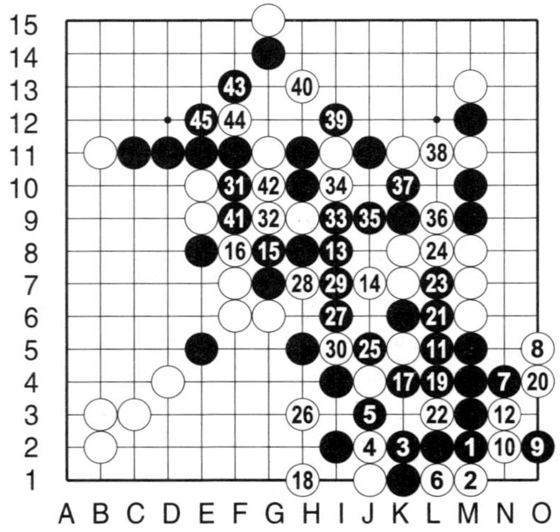

第163题

如图所示，本局题名为百家姓之“钟”姓，双方各28子。黑先行，如何以VCF取胜？

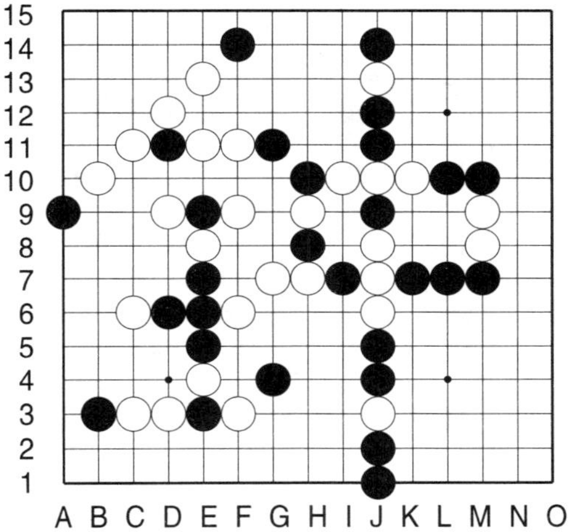

第163题答案

黑1冲四，直至黑45为止形成活四，黑胜。

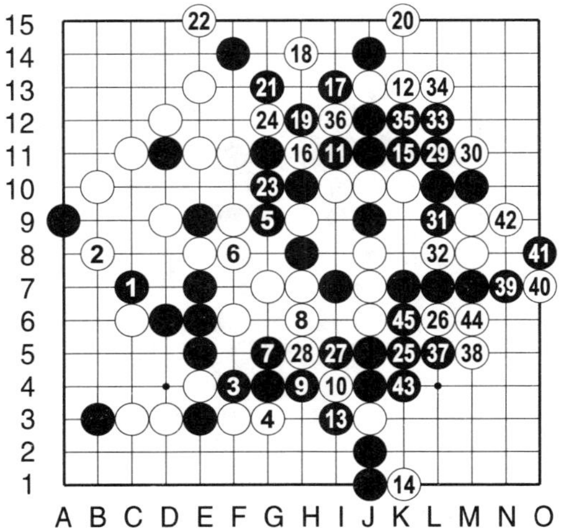

第164题

如图所示，本局题名为百家姓之“陈”姓，双方各30子。黑先行，如何以VCF取胜？

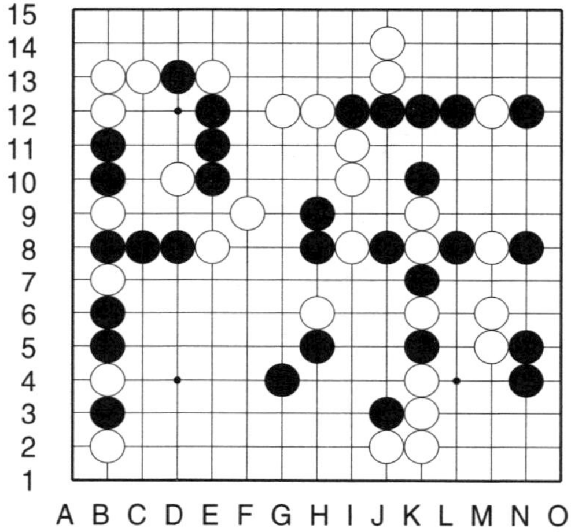

第164题答案

黑1冲四，直至黑45为止形成活四，黑胜。

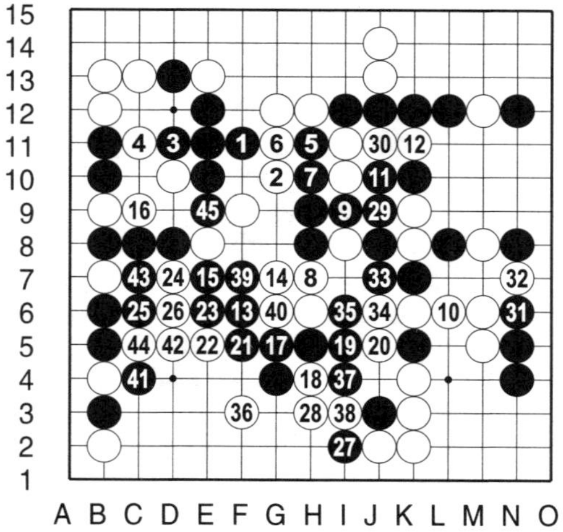

第165题

如图所示，本局题名为百家姓之“韦”姓，双方各23子。黑先行，如何以VCF取胜？

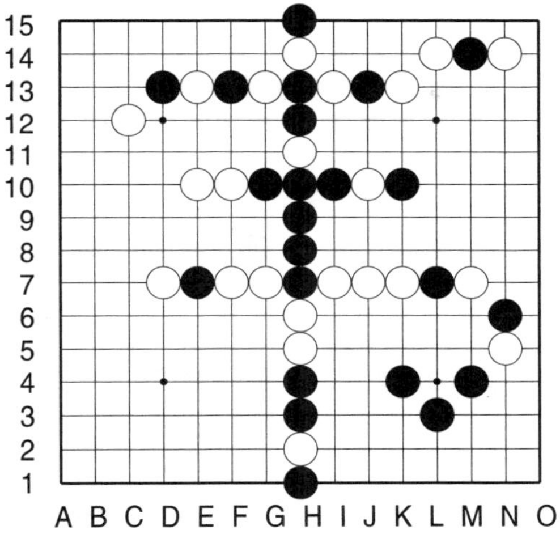

第165题答案

黑1冲四，直至黑47为止形成活四，黑胜。

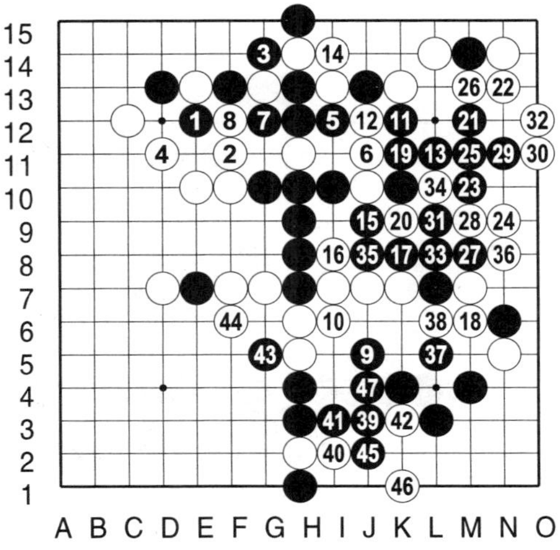

第166题

如图所示，本局题名为百家姓之“冯”姓，双方各20子。黑先行，如何以VCF取胜？

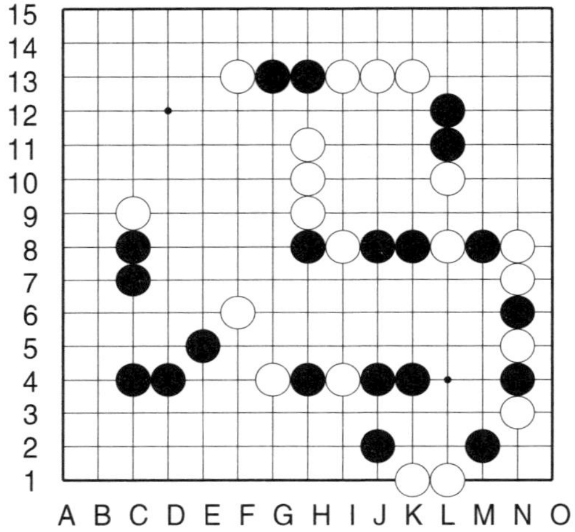

第166题答案

黑1冲四，直至黑49为止形成活四，黑胜。

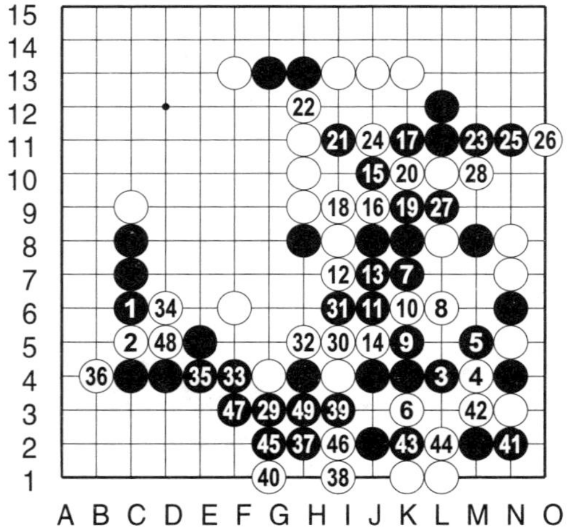

第167题

如图所示，本局题名为百家姓之“周”姓，双方各30子。黑先行，如何以VCF取胜？

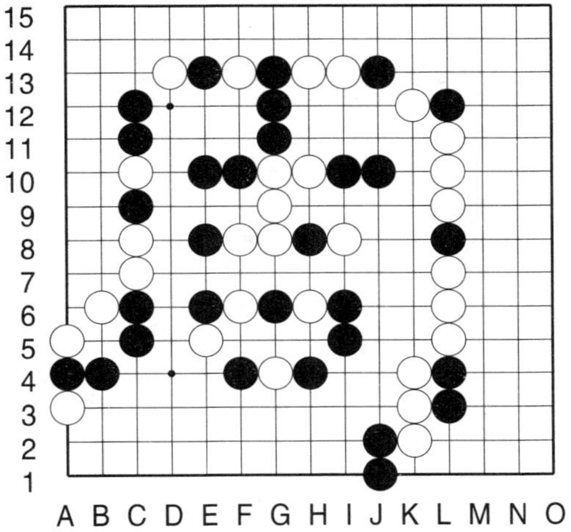

第167题答案

黑1冲四，直至黑49为止形成活四，黑胜。

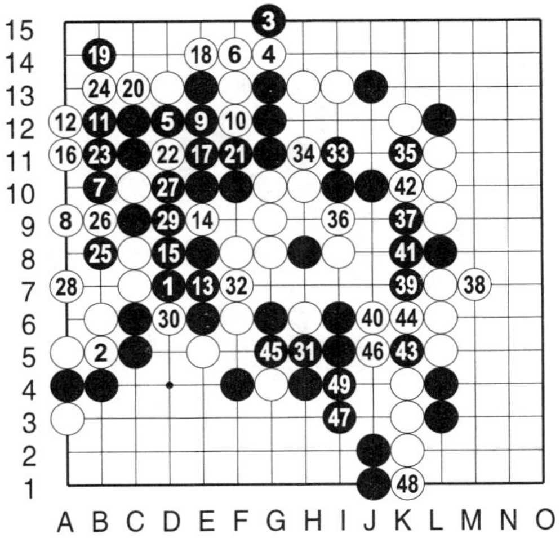

第168题

如图所示，本局题名为百家姓之“阎”姓，双方各33子。黑先行，如何以VCF取胜？

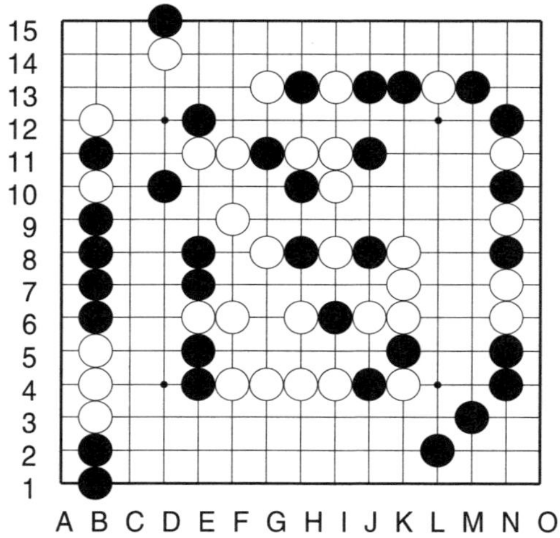

第168题答案

黑1冲四，直至黑49为止形成活四，黑胜。

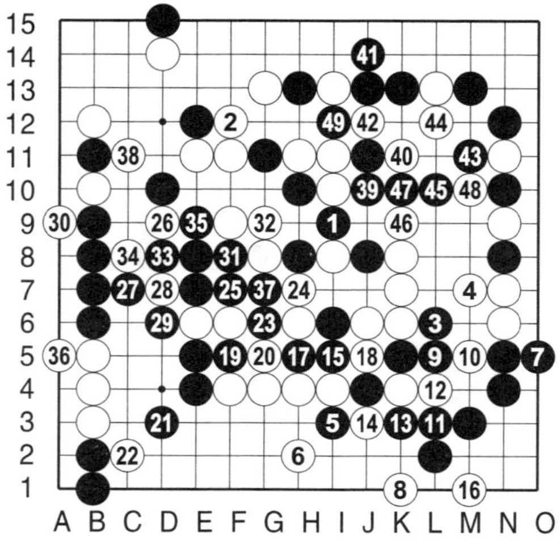

第169题

如图所示，本局题名为百家姓之“邱”姓，双方各26子。黑先行，如何以VCF取胜？

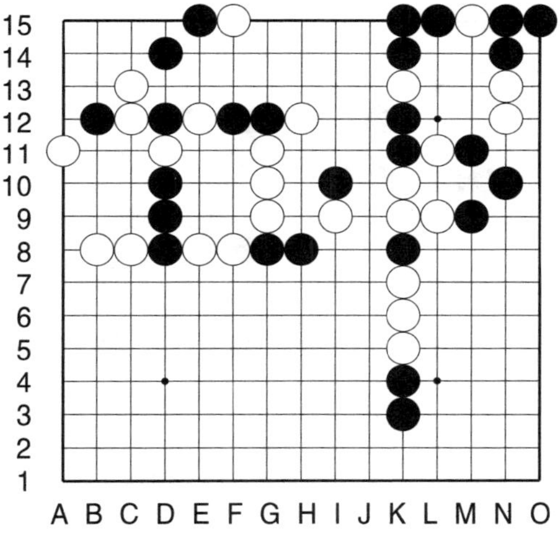

第169题答案

黑1冲四，直至黑51为止形成活四，黑胜。

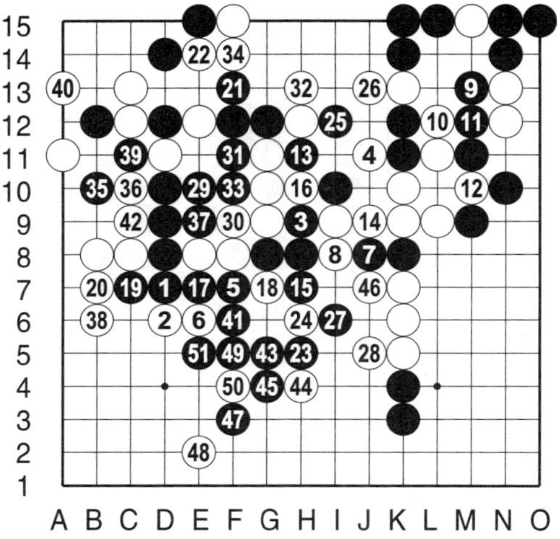

第170题

如图所示，本局题名为百家姓之“胡”姓，双方各31子。黑先行，如何以VCF取胜？

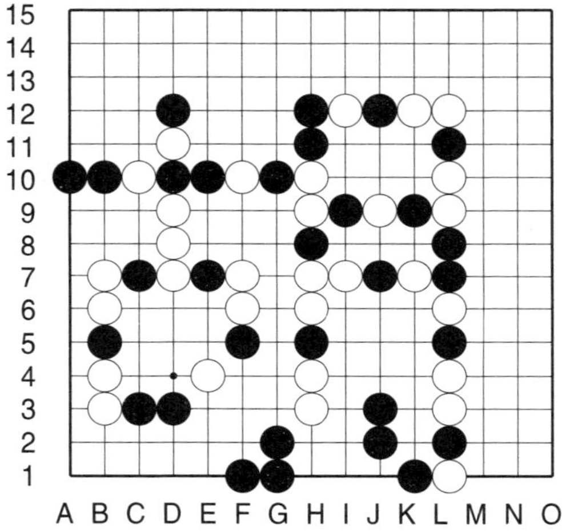

第170题答案

黑1冲四，直至黑51为止形成活四，黑胜。

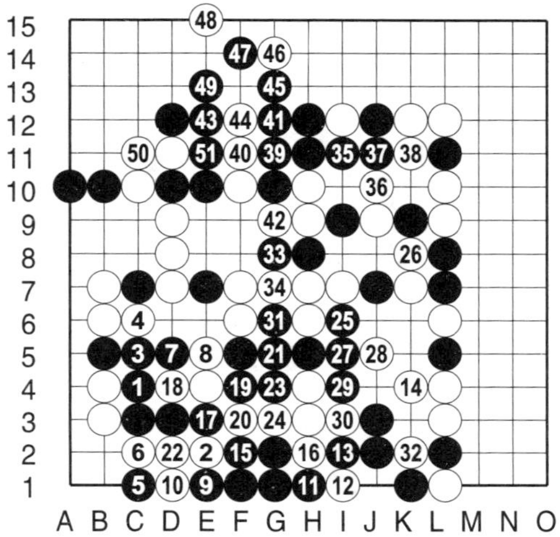

第171题

如图所示，本局题名为百家姓之“黄”姓，双方各30子。黑先行，如何以VCF取胜？

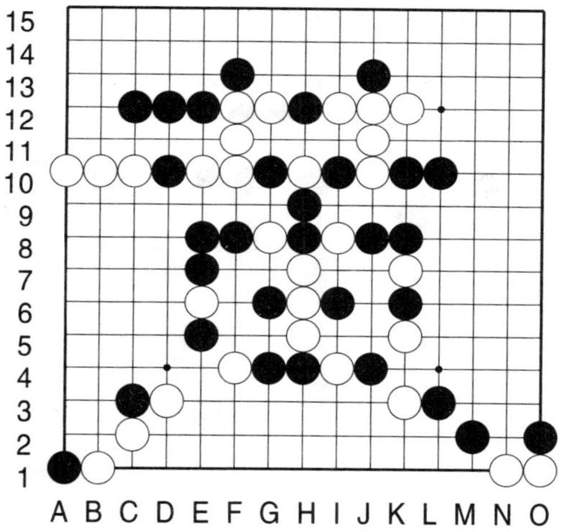

第171题答案

黑1冲四，直至黑53为止形成活四，黑胜。

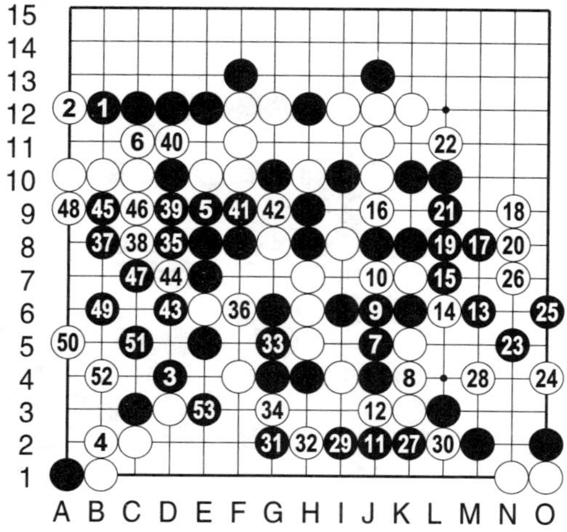

第172题

如图所示，本局题名为百家姓之“施”姓，双方各33子。黑先行，如何以VCF取胜？

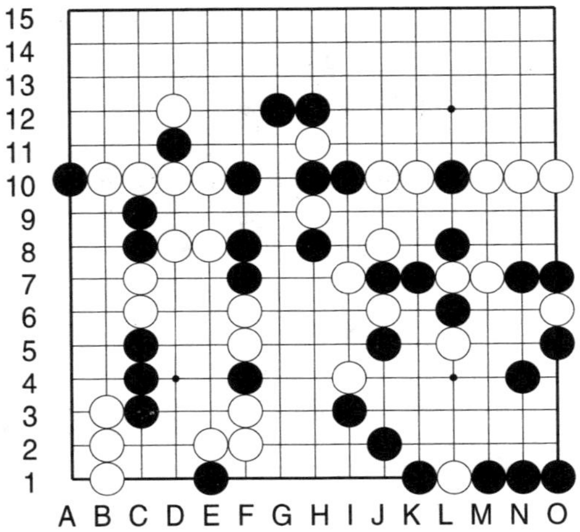

第172题答案

黑1冲四，直至黑53为止形成活四，黑胜。

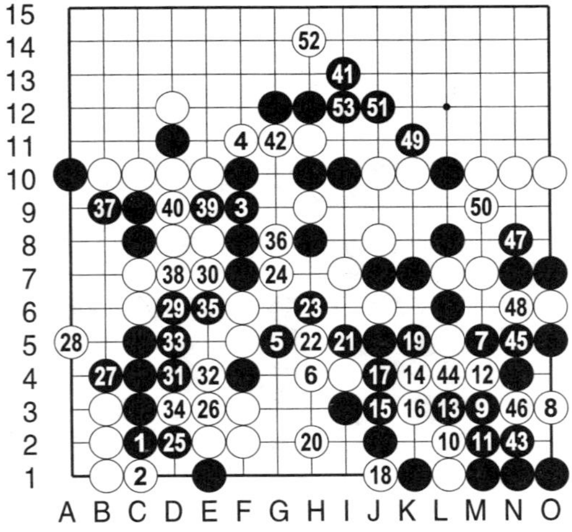

第173题

如图所示，本局题名为百家姓之“史”姓，双方各22子。黑先行，如何以VCF取胜？

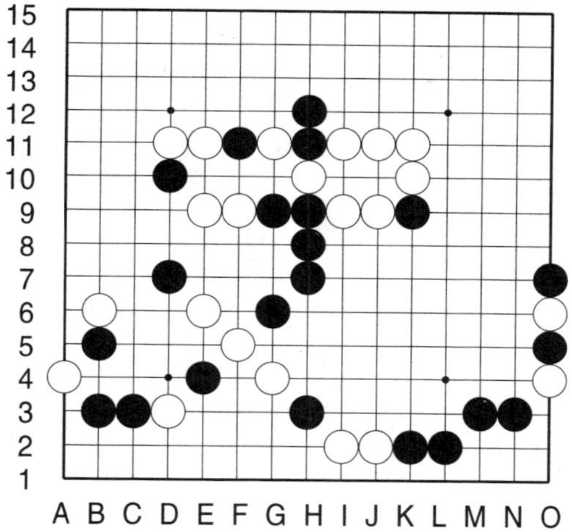

第173题答案

黑1冲四，直至黑57为止形成活四，黑胜。

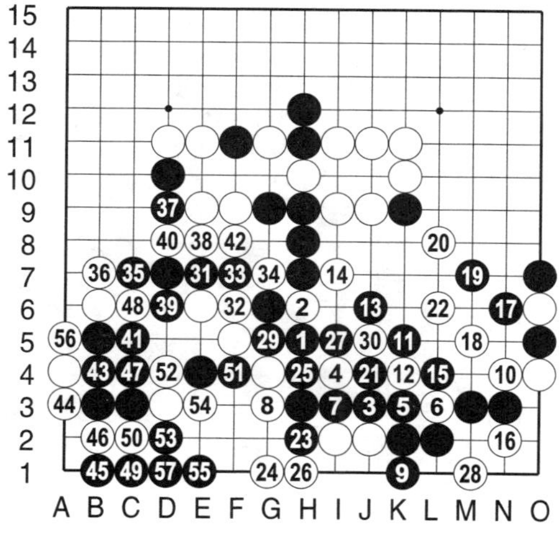

第174题

如图所示，本局题名为百家姓之“梁”姓，双方各31子。黑先行，如何以VCF取胜？

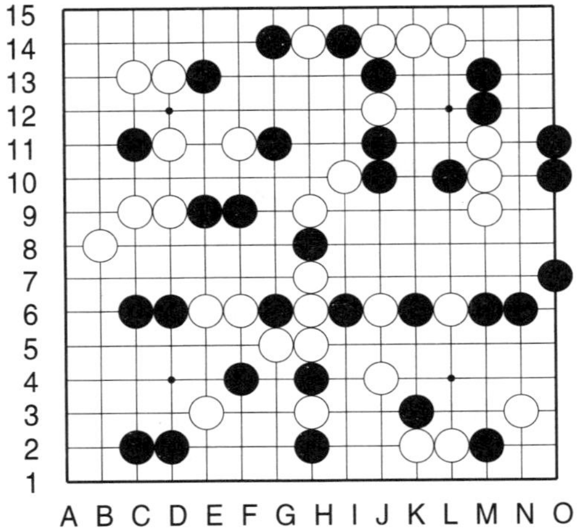

第174题答案

黑1冲四，直至黑57为止形成活四，黑胜。

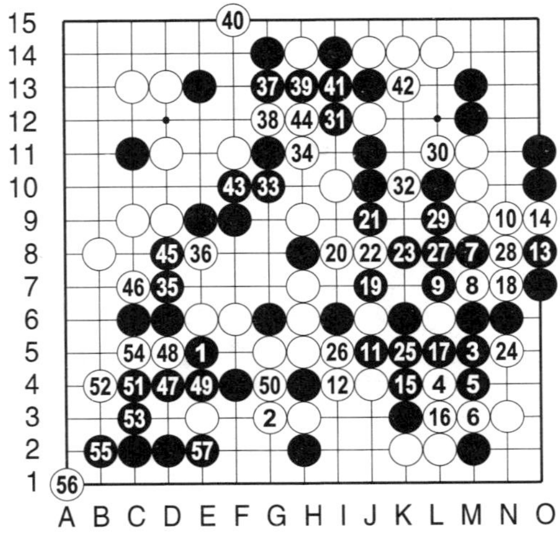

第175题

如图所示，本局题名为百家姓之“朱”姓，双方各24子。黑先行，如何以VCF取胜？

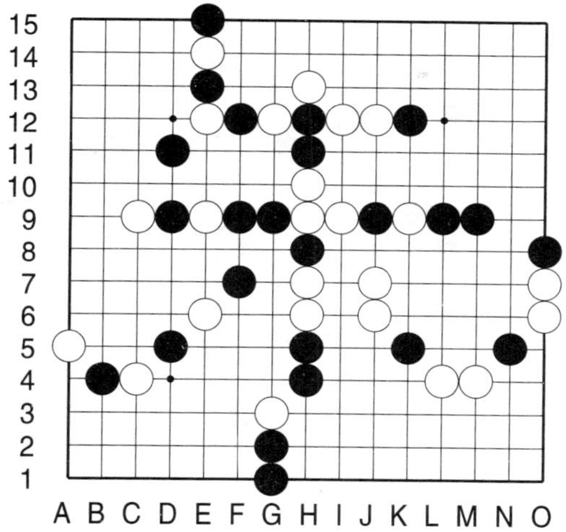

第175题答案

黑1冲四，直至黑59为止形成活四，黑胜。

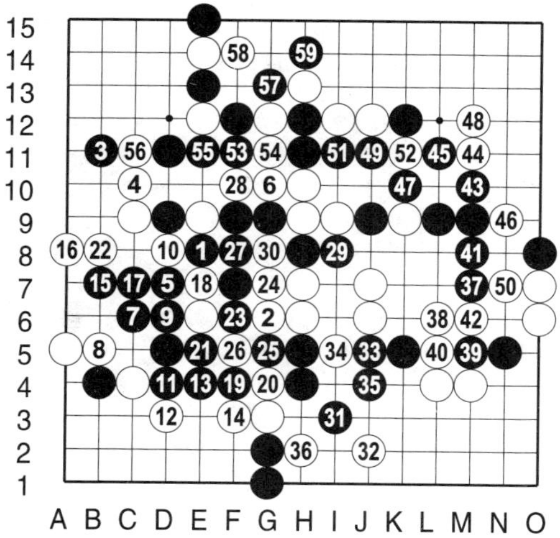

第176题

如图所示，本局题名为百家姓之“陆”姓，双方各29子。黑先行，如何以VCF取胜？

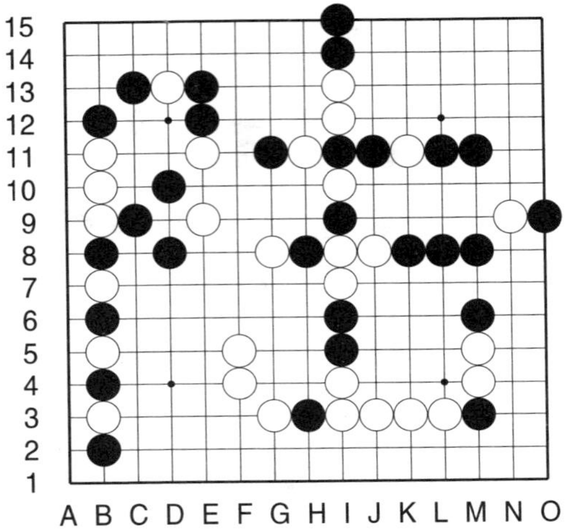

第176题答案

黑1冲四，直至黑59为止形成活四，黑胜。

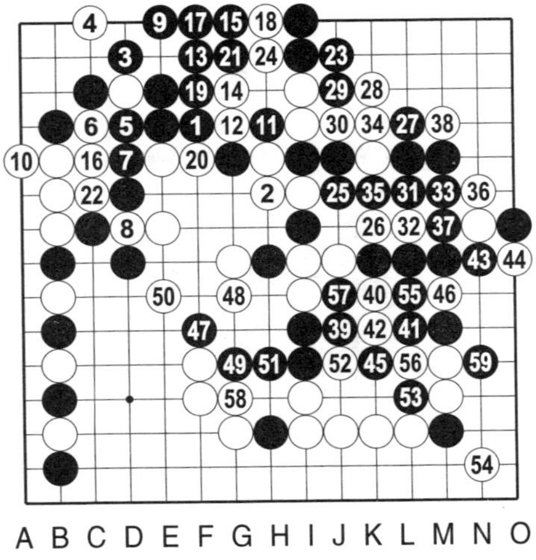

第177题

如图所示，本局题名为百家姓之“姜”姓，双方各34子。黑先行，如何以VCF取胜？

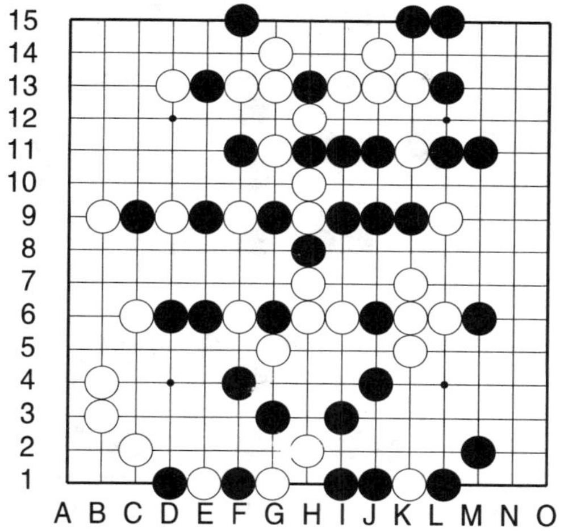

第177题答案

黑1冲四，直至黑59为止形成活四，黑胜。

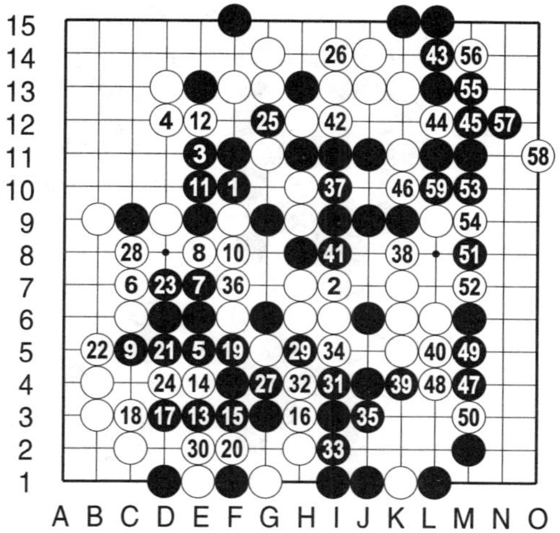

第178题

如图所示，本局题名为百家姓之“雷”姓，双方各39子。黑先行，如何以VCF取胜？

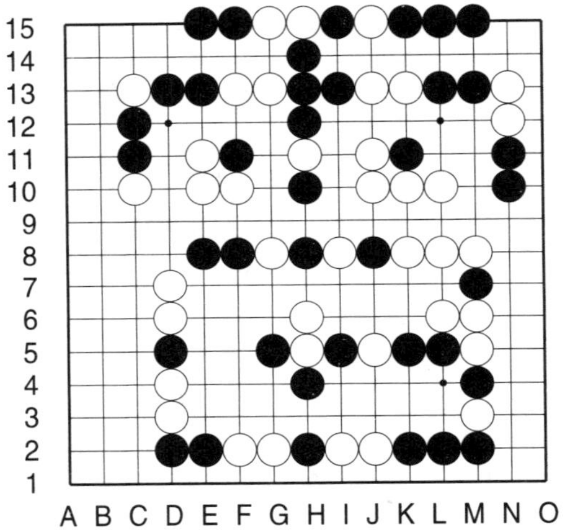

第178题答案

黑1冲四，直至黑59为止形成活四，黑胜。

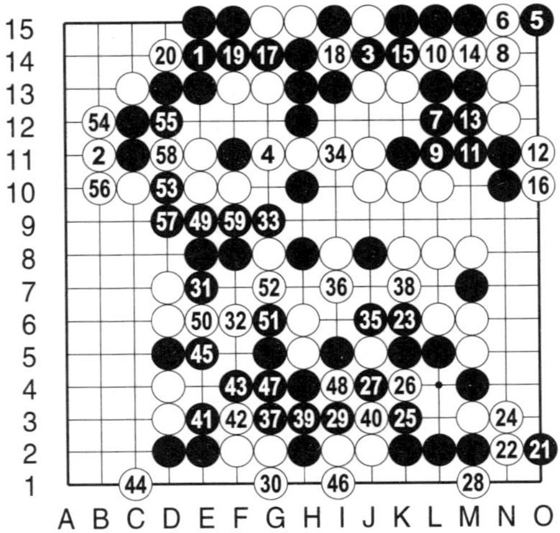

第179题

如图所示，本局题名为百家姓之“褚”姓，双方各41子。黑先行，如何以VCF取胜？

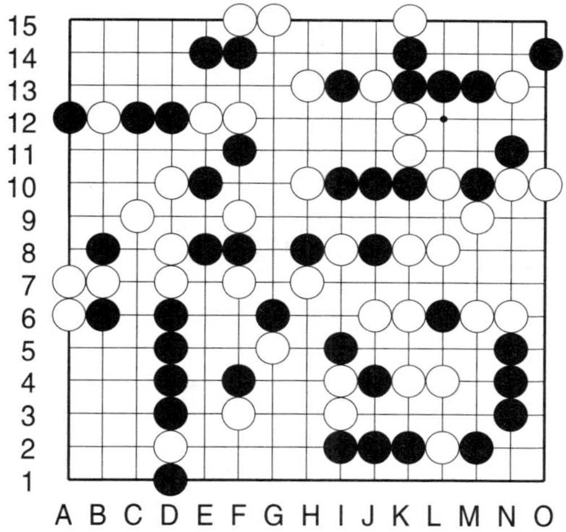

第179题答案

黑1冲四，直至黑59为止形成活四，黑胜。

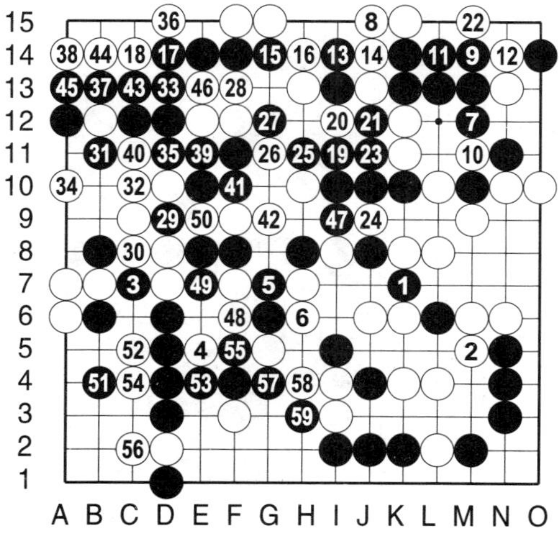

第180题

如图所示，本局题名为百家姓之“郑”姓，双方各26子。黑先行，如何以VCF取胜？

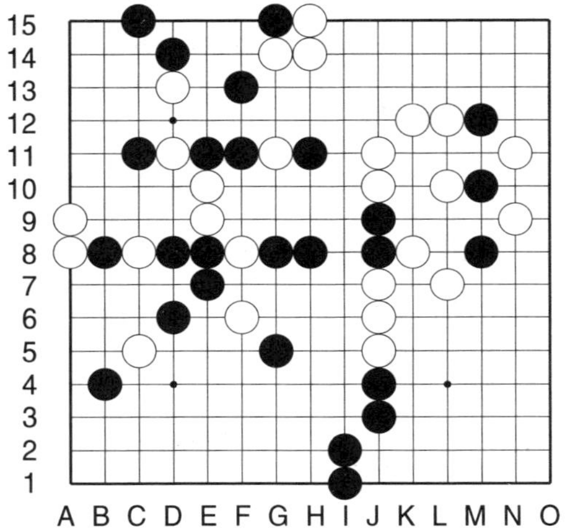

第180题答案

黑1冲四，直至黑61为止形成活四，黑胜。

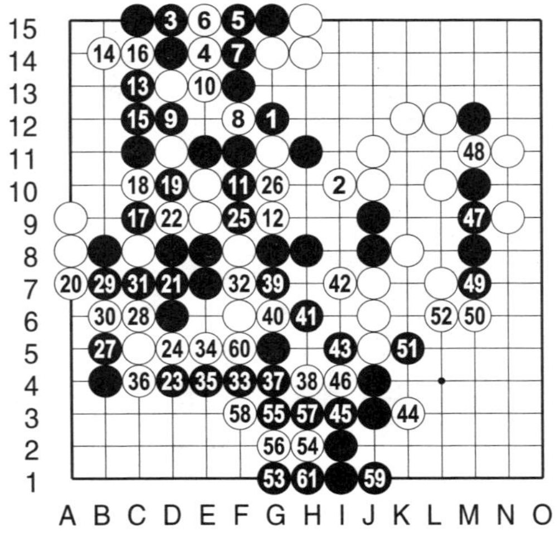

第181题

如图所示，本局题名为百家姓之“何”姓，双方各30子。黑先行，如何以VCF取胜？

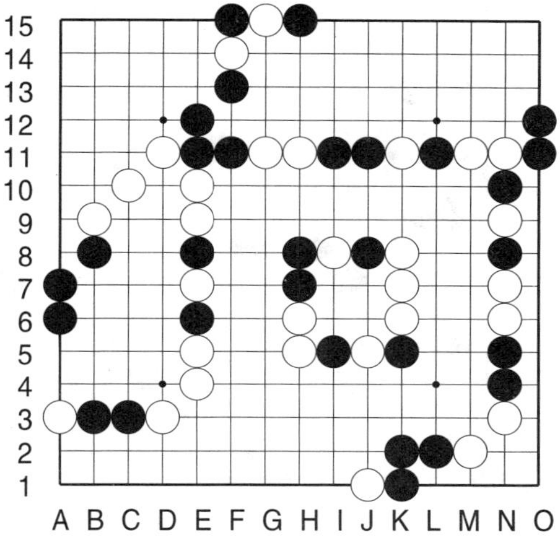

第181题答案

黑1冲四，直至黑61为止形成活四，黑胜。

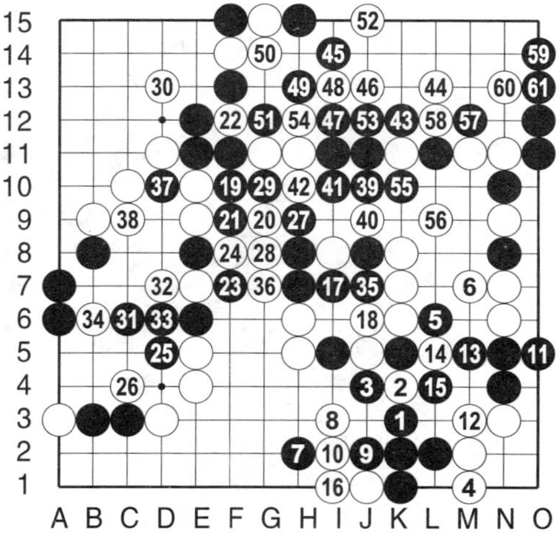

第182题

如图所示，本局题名为百家姓之“彭”姓，双方各31子。黑先行，如何以VCF取胜?

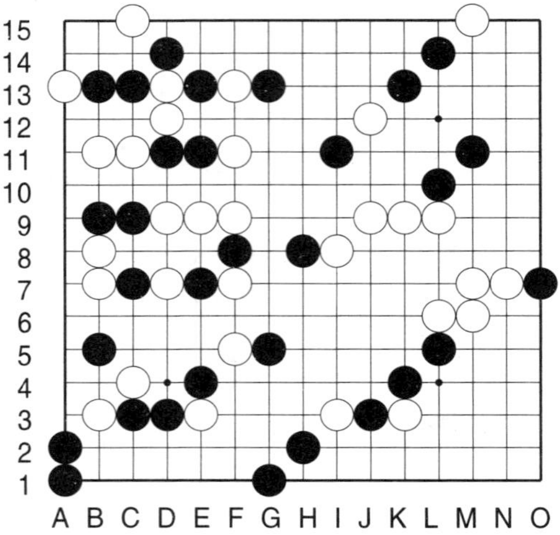

第182题答案

黑1冲四，直至黑61为止形成活四，黑胜。

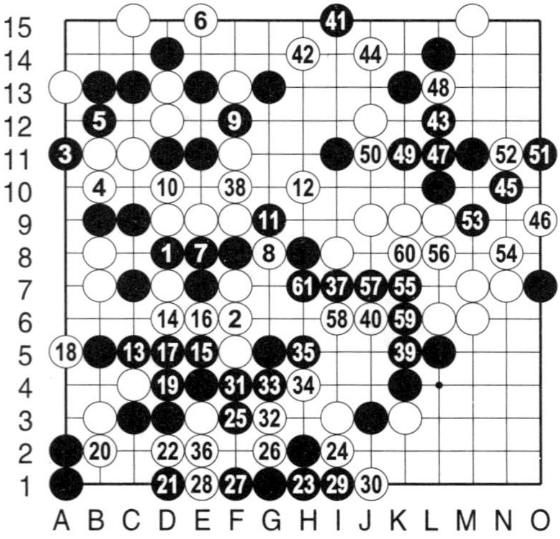

第183题

如图所示，本局题名为百家姓之“贾”姓，双方各31子。黑先行，如何以VCF取胜？

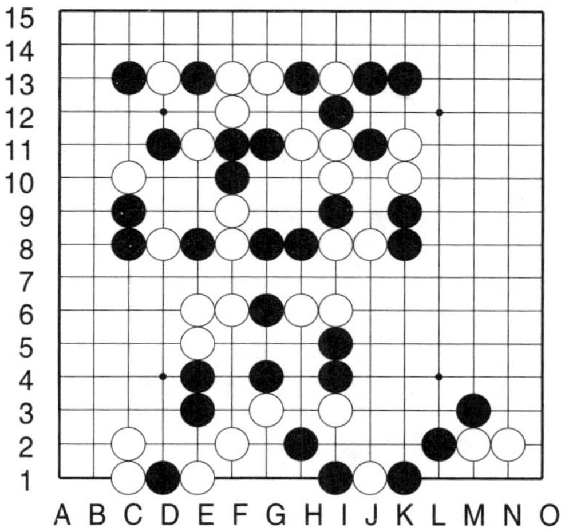

第183题答案

黑1冲四，直至黑61为止形成活四，黑胜。

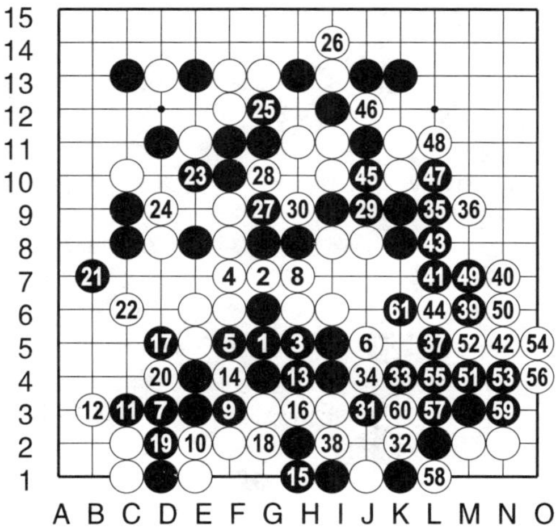

第184题

如图所示，本局题名为百家姓之“戴”姓，双方各37子。黑先行，如何以VCF取胜？

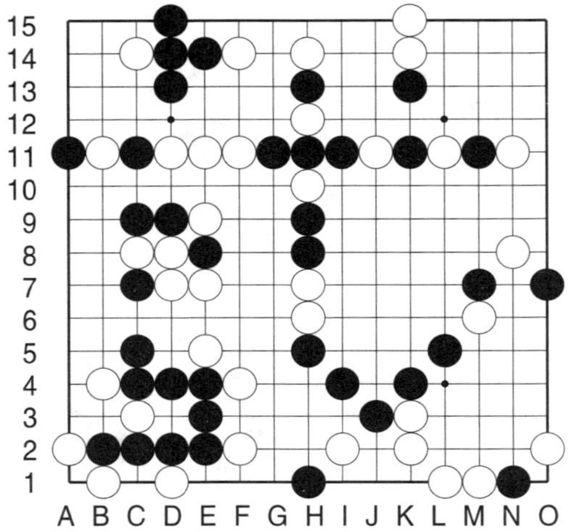

第184题答案

黑1冲四，直至黑61为止形成活四，黑胜。

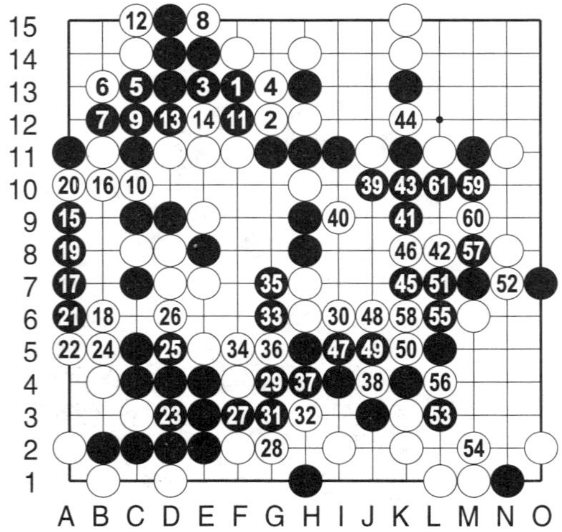

第185题

如图所示，本局题名为百家姓之“谭”姓，双方各40子。黑先行，如何以VCF取胜？

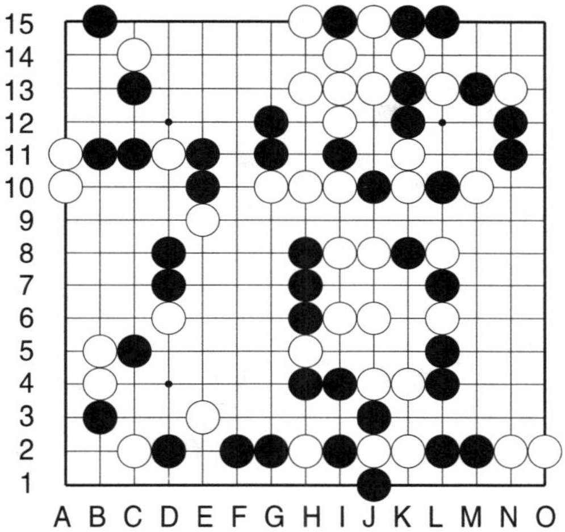

第185题答案

黑1冲四，直至黑61为止形成活四，黑胜。

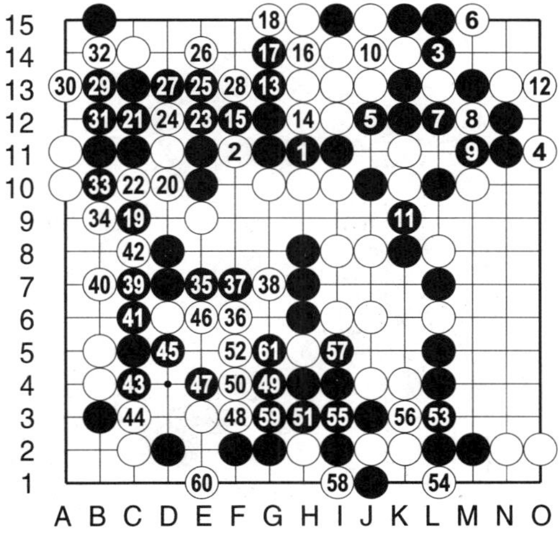

第186题

如图所示，本局题名为百家姓之“张”姓，双方各26子。黑先行，如何以VCF取胜？

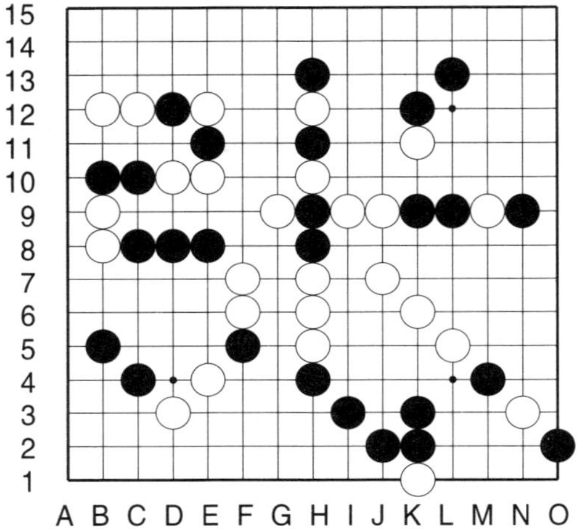

第186题答案

黑1冲四，直至黑63为止形成活四，黑胜。

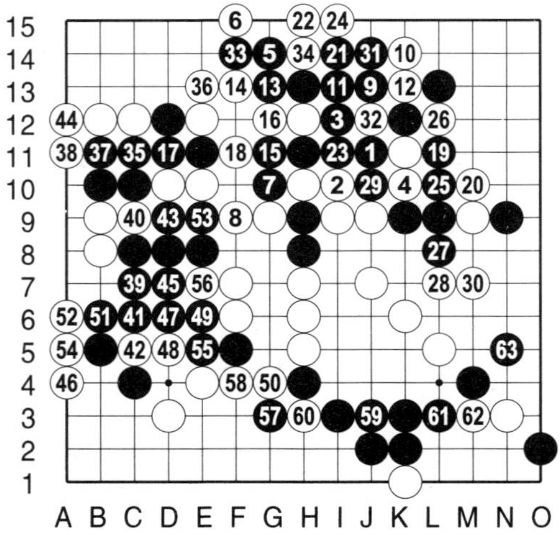

第187题

如图所示，本局题名为百家姓之“蒋”姓，双方各34子。黑先行，如何以VCF取胜？

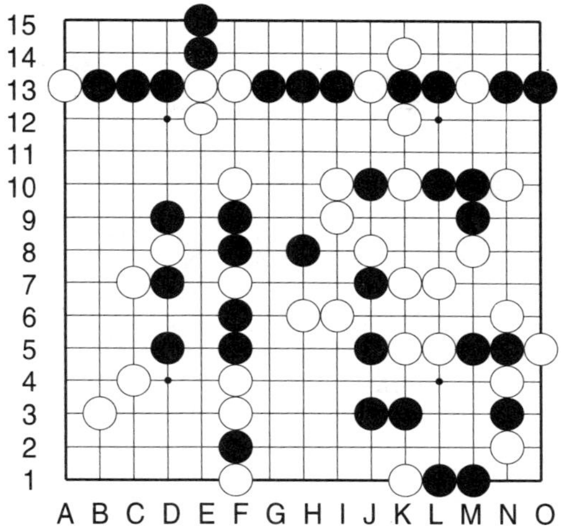

第187题答案

黑1冲四，直至黑63为止形成活四，黑胜。

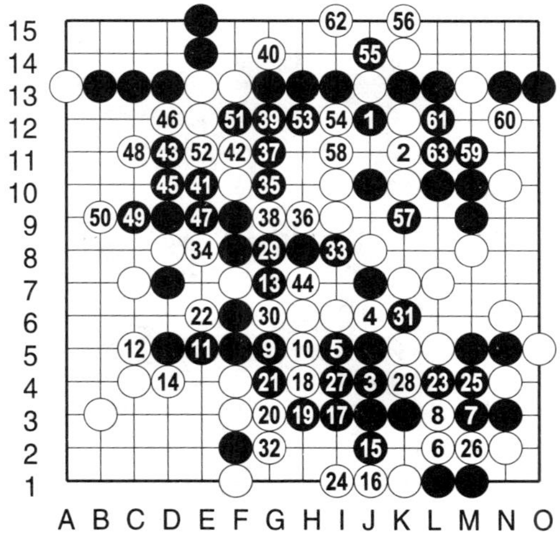

第188题

如图所示，本局题名为百家姓之“钱”姓，双方各39子。黑先行，如何以VCF取胜？

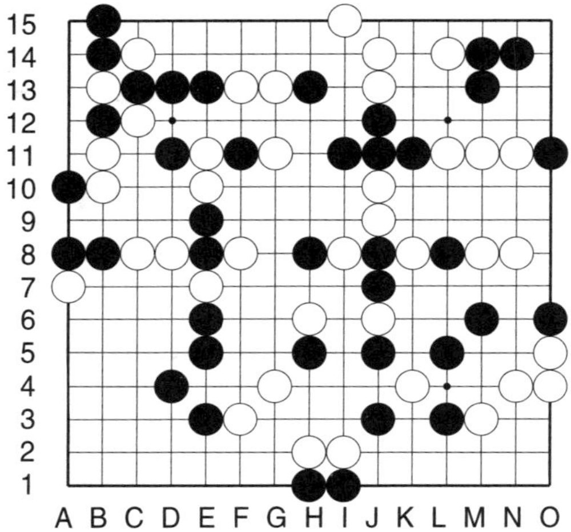

第188题答案

黑1冲四，直至黑63为止形成活四，黑胜。

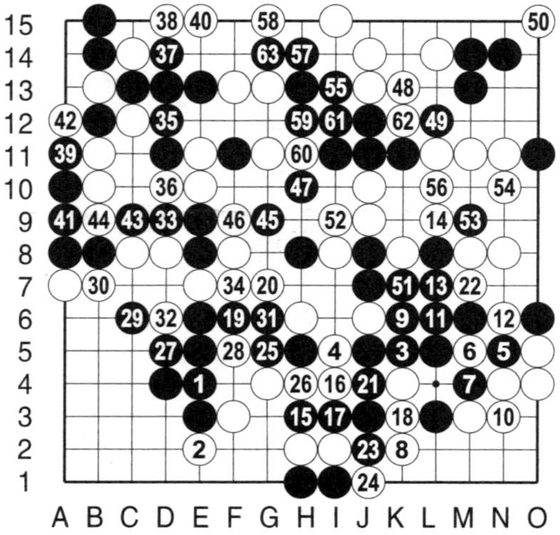

第189题

如图所示，本局题名为百家姓之“韩”姓，双方各40子。黑先行，如何以VCF取胜？

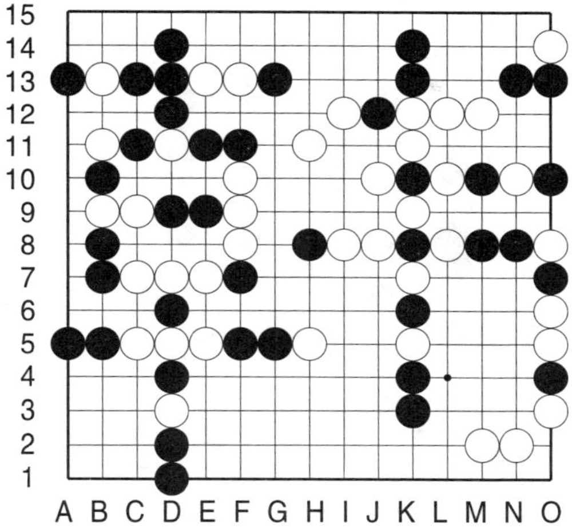

第189题答案

黑1冲四，直至黑63为止形成活四，黑胜。

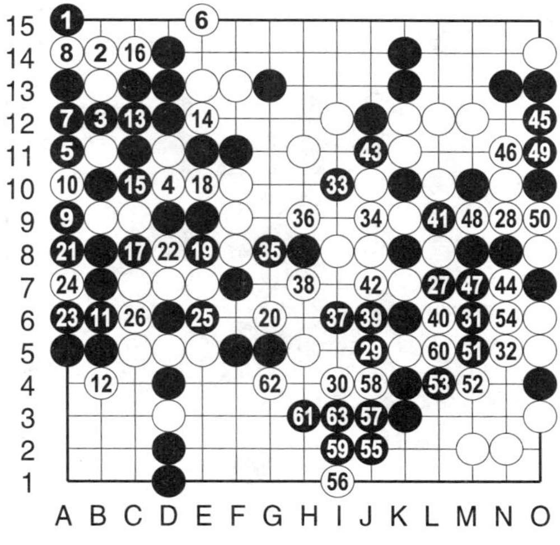

第190题

如图所示，本局题名为百家姓之“林”姓，双方各28子。黑先行，如何以VCF取胜？

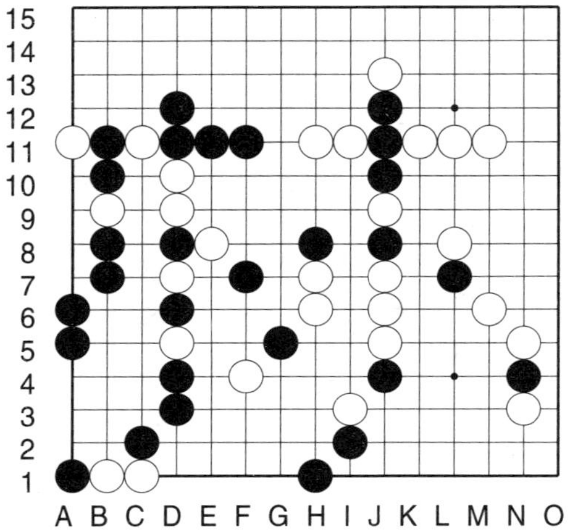

第190题答案

黑1冲四，直至黑65为止形成活四，黑胜。

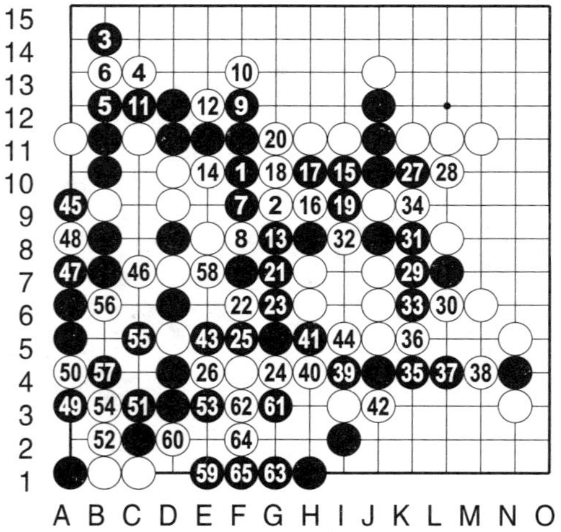

第191题

如图所示，本局题名为百家姓之“秦”姓，双方各33子。黑先行，如何以VCF取胜？

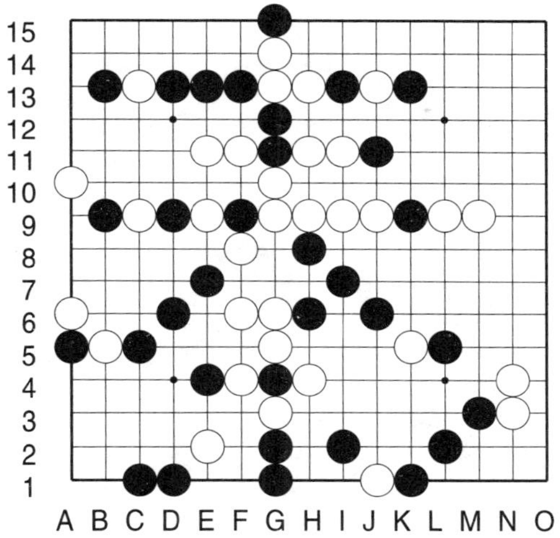

第191题答案

黑1冲四，直至黑65为止形成活四，黑胜。

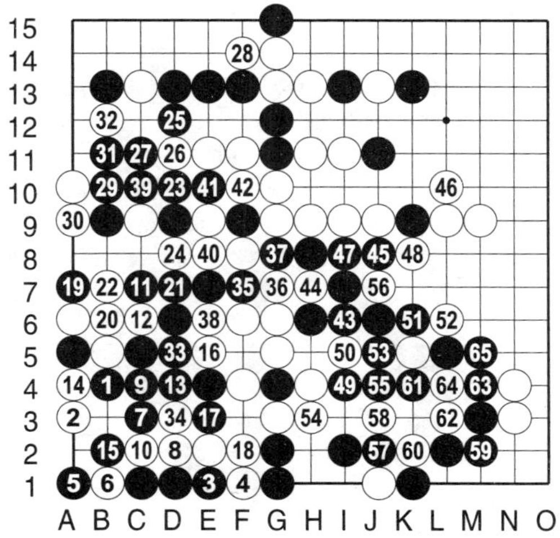

第192题

如图所示，本局题名为百家姓之“廖”姓，双方各39子。黑先行，如何以VCF取胜？

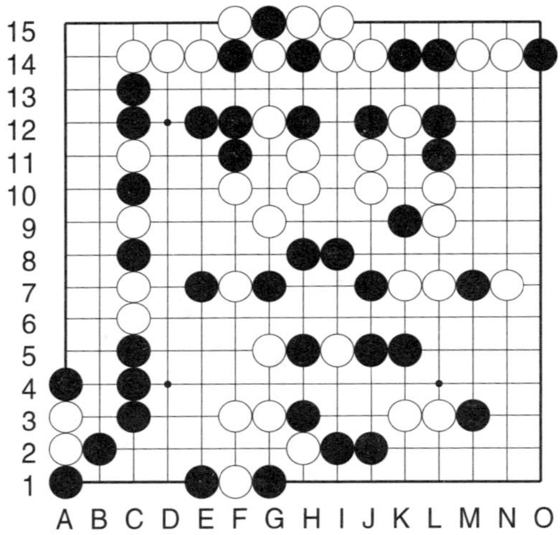

第192题答案

黑1冲四，直至黑65为止形成活四，黑胜。

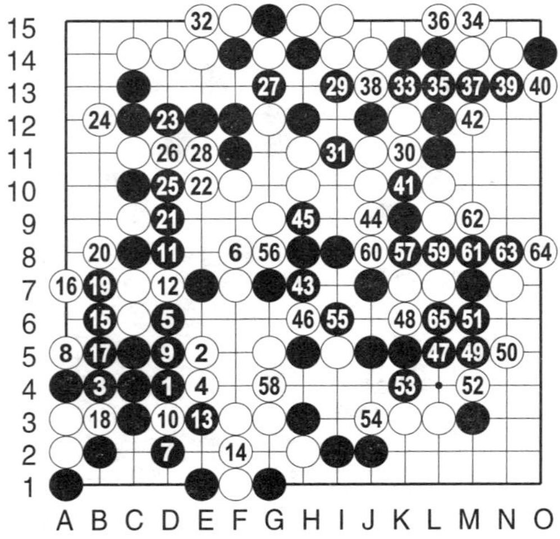

第193题

如图所示，本局题名为百家姓之“魏”姓，双方各46子。黑先行，如何以VCF取胜？

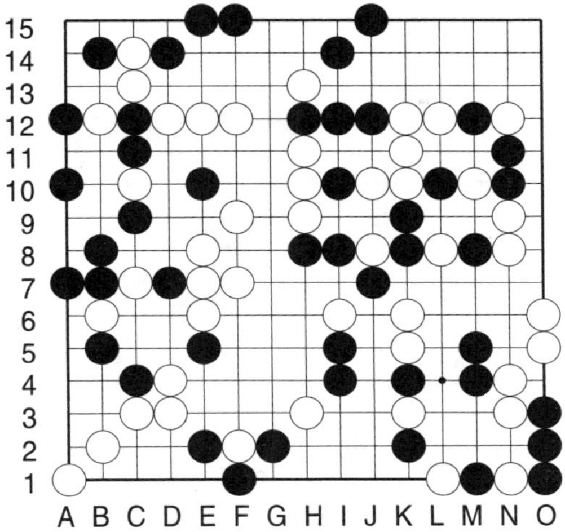

第193题答案

黑1冲四，直至黑67为止形成活四，黑胜。

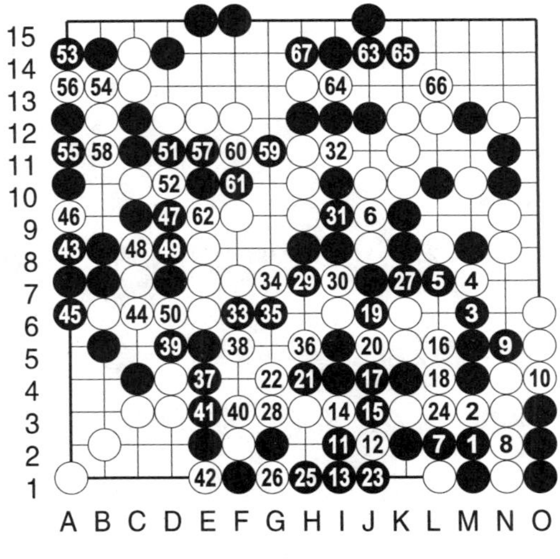

第194题

如图所示，本局题名为百家姓之“杨”姓，双方各35子。黑先行，如何以VCF取胜？

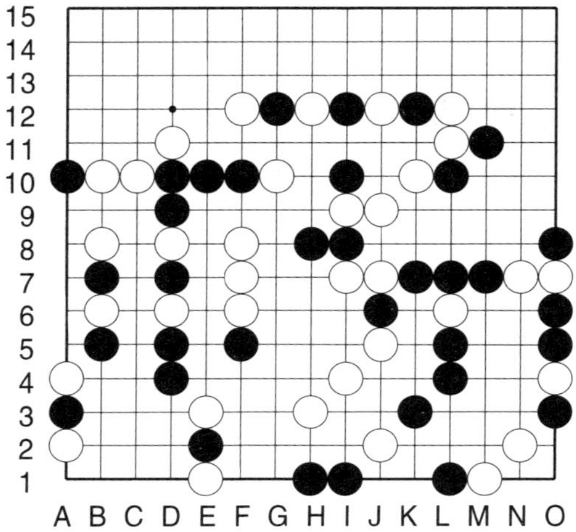

第194题答案

黑1冲四，直至黑69为止形成活四，黑胜。

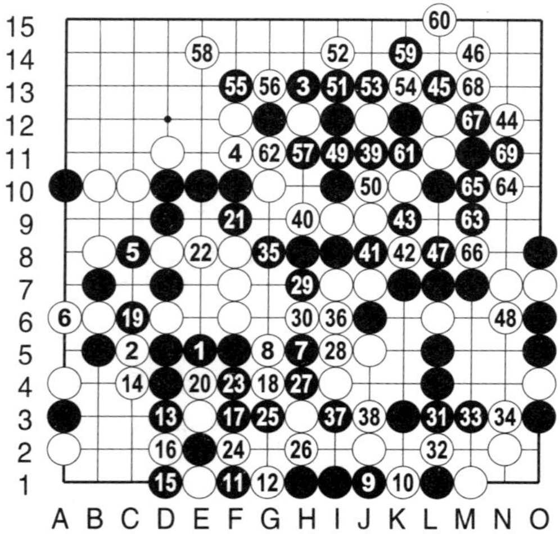

第195题

如图所示，本局题名为百家姓之“郭”姓，双方各35子。黑先行，如何以VCF取胜？

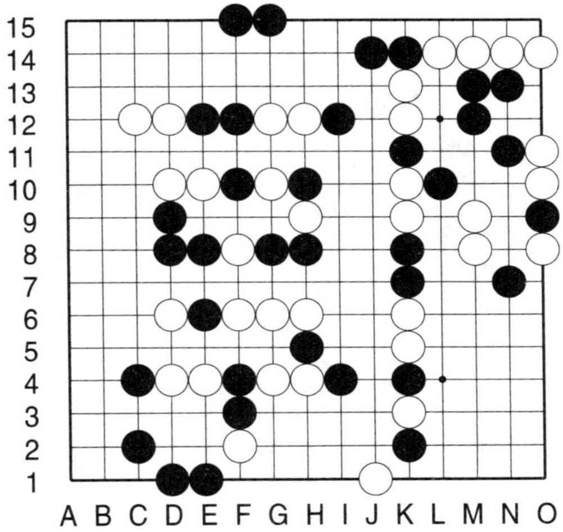

第195题答案

黑1冲四，直至黑69为止形成活四，黑胜。

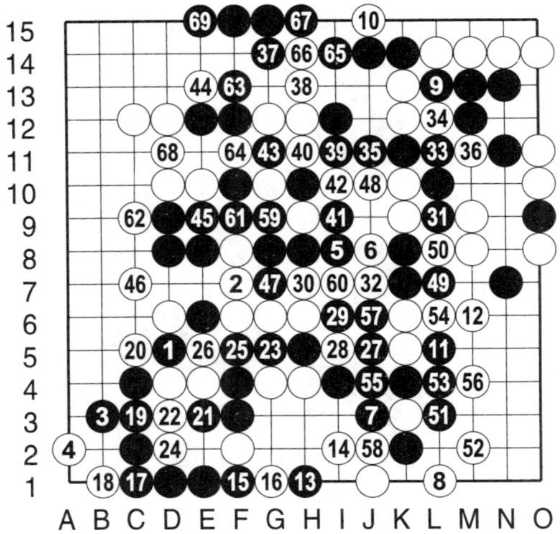

第196题

如图所示，本局题名为百家姓之“顾”姓，双方各37子。黑先行，如何以VCF取胜？

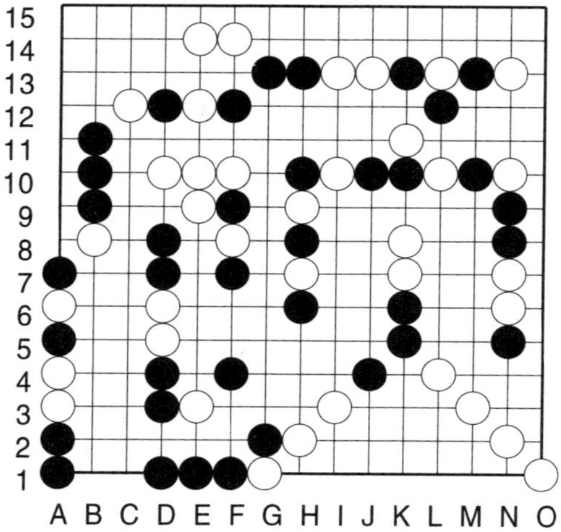

第196题答案

黑1冲四，直至黑69为止形成活四，黑胜。

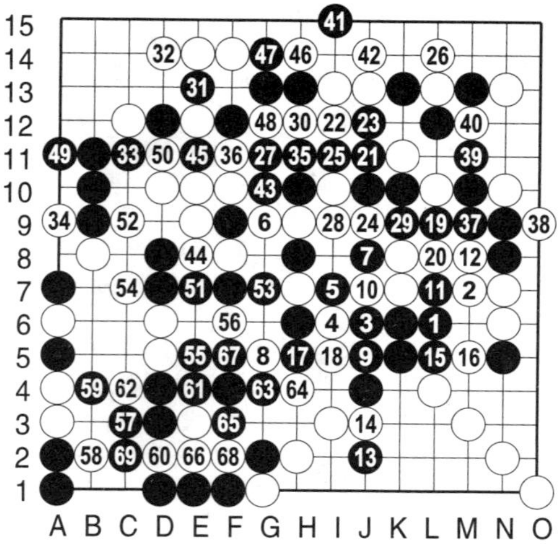

第197题

如图所示，本局题名为百家姓之“潘”姓，双方各40子。黑先行，如何以VCF取胜？

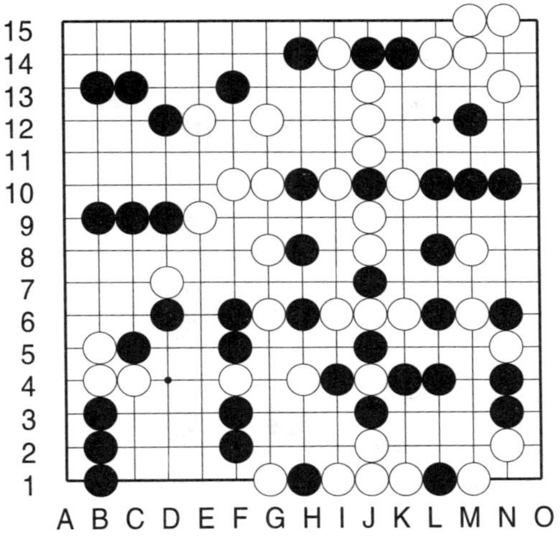

第197题答案

黑1冲四，直至黑69为止形成活四，黑胜。

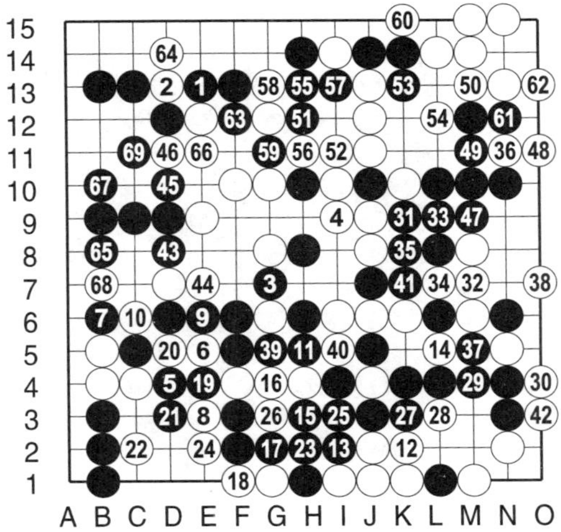

第198题

如图所示，本局题名为百家姓之“任”姓，双方各28子。黑先行，如何以VCF取胜？

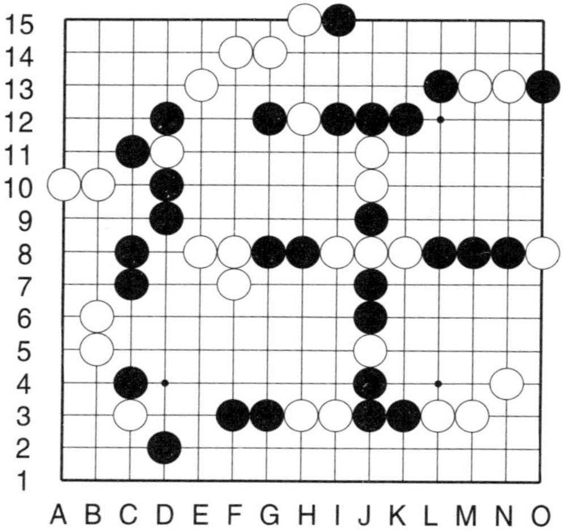

第198题答案

黑1冲四，直至黑73为止形成活四，黑胜。

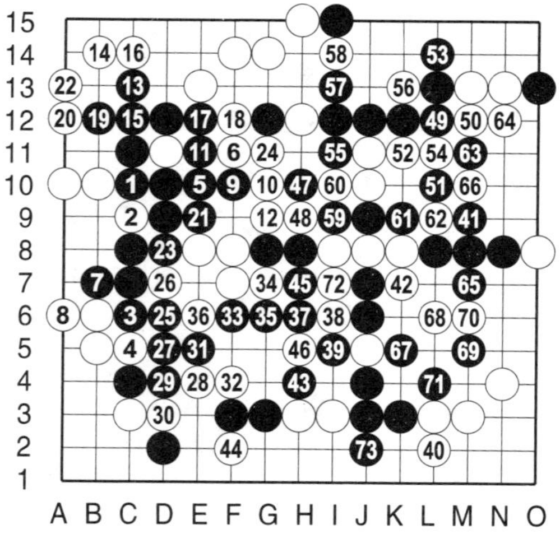

第199题

如图所示，本局题名为百家姓之“姚”姓，双方各28子。黑先行，如何以VCF取胜？

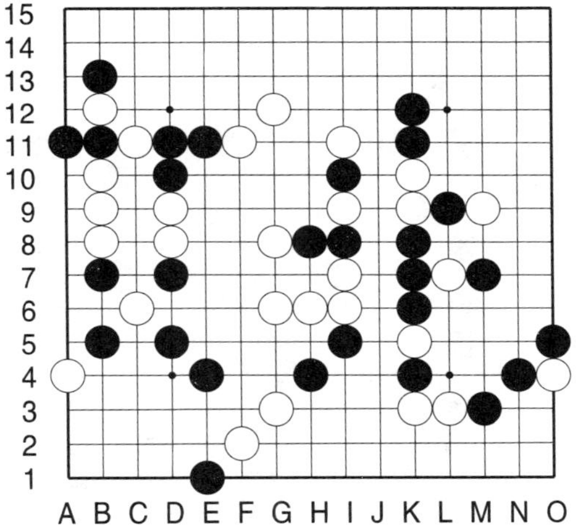

第199题答案

黑1冲四，直至黑73为止形成活四，黑胜。

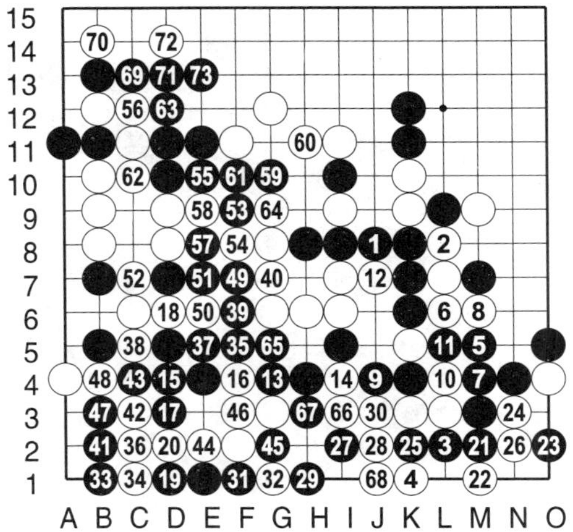

第200题

如图所示，本局题名为百家姓之“谢”姓，双方各40子。黑先行，如何以VCF取胜？

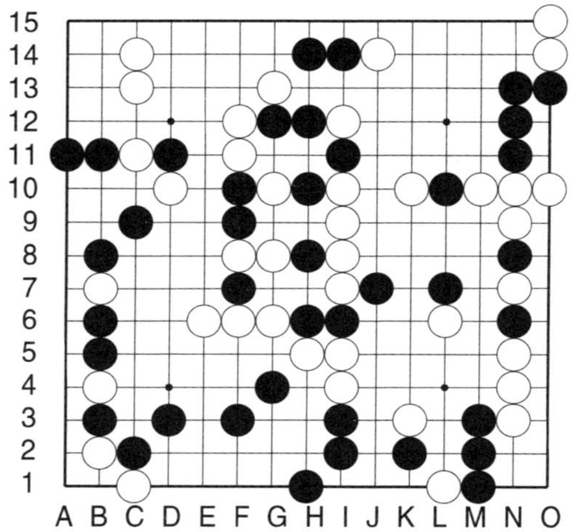

第200题答案

黑1冲四，直至黑77为止形成活四，黑胜。

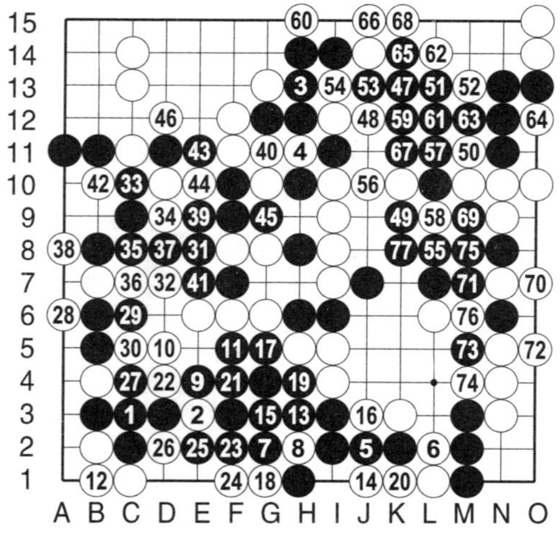